妈妈，请这样跟我说话

〔日〕小紫真由美　著
〔韩〕郑久美　绘
蔡福淑　译

重庆出版集团　重庆出版社

코칭대화: 아이의 숨은 능력을 끌어내는
Written by Komurasaki Mayumi, Choung Goo-mi

版贸核渝字（2009）第 066 号

图书在版编目（CIP）数据

妈妈，请这样跟我说话 /〔日〕小紫真由美著；蔡福淑译 . —重庆：重庆出版社，2009.8
书名原文：코칭대화: 아이의 숨은 능력을 끌어내는
ISBN 978-7-229-00895-6

I. 妈… II. ①小… ②蔡… III. 家庭教育－语言艺术 Ⅳ. G78

中国版本图书馆 CIP 数据核字 (2009) 第 117555 号

妈妈，请这样跟我说话
MAMA, QING ZHEYANG GENWO SHUOHUA

〔日〕小紫真由美 著
〔韩〕郑久美 绘
蔡福淑 译

出 版 人：罗小卫
策　　划：中资海派・重庆出版集团图书发行有限公司
执行策划：黄 河 桂 林
责任编辑：彭丽莉
责任校对：廖应碧
版式设计：张 英
封面设计：陈文凯 王保琳

重庆出版集团 重庆出版社 出版
（重庆长江二路 205 号）

深圳市彩美印刷有限公司制版 印刷
重庆出版集团图书发行有限公司 发行
邮购电话：023-68809452
E-MAIL：fxchu@cqph.com
全国新华书店经销

开本：787mm×1092mm 1/16 印张：14 字数：200 千
2009 年 8 月第 1 版 2010 年 2 月第 2 次印刷
定价：25.00 元

如有印装质量问题，请致电：023-68706683

送给孩子的最好礼物——引导

对于很多人而言，父母是亲而不近的，血缘和情感让他们亲密，缺乏沟通又使他们隔阂。我的童年也是如此。我和妈妈仿佛是天底下最疏远、最不自然的母女，几乎天天吵架，彼此给对方留下了难以抚平的伤痕。妈妈对我这个长女献出了无限的爱，可我对妈妈的不满却与日俱增。这种不满的小小火花常常引起可怕的灾难，给母女关系蒙上了一层重重的阴影。

自从我开始学习“引导”以来，就可以从另一个角度看待母女关系了。辅导员曾问我：“你想跟妈妈维持怎样的关系？”、“你最想为妈妈做什么？”、“妈妈怎么做你最高兴？”、“妈妈想为你做什么？”在思考这些问题的过程中，我终于认识到妈妈当时想告诉我的是什么，并且想到妈妈当时应该怎么做才最好。

现在，很多父母与孩子的关系就像我和妈妈以前的那种关系，吵吵闹闹、针锋相对，有时候父母甚至哀叹：“这个孩子没救了！”话虽这么说，但父母其实是打心眼里爱着自己的孩子。

学习家庭教育方法没有止境，通过学习，父母带给孩子最大的财富是最大限度地开发孩子的潜能，为他们打开希望之门。

在孩子小时候，如果父母就学会本书中的方法，那么你们就可以轻松而幸福地生活在一起。如果尝试了各种方法后还是不见成效的话，那么建议你现在就学习“引导式教育”方法。

其实“引导式教育”是一种设法和孩子一起发现和运用其内在潜能的沟通方式。其前提是相信并依靠孩子的内在潜能，作为教育者的父母，需要具有和孩子一同感受和面对问题的立场以及高质量且具有建设性提问的能力。

“引导”初始于20世纪90年代的美国。当日本社会因NEET（啃老族）的出现而大伤脑筋的时候，“引导”成为其解决方法之一很快在社会上盛行起来。没有热情的孩子，没有指令就无法行动的孩子，无法独立思考、独立行动的孩子，以自我为中心、没有耐性、无法过正常人生活的孩子……最初，“引导”是在家长和老师们这样的担忧中盛行起来的。

本书中以“引导式对话”这种沟通方法来介绍妈妈们平常碰到的问题和其解决方法，按“引导”的基本技巧划分章节，引用“随意性对话”来给出例子，再利用“引导式对话”来揭示解决问题的方法。“随意性对话”指生活中常见的未经太多斟酌、随口而出的对话，“引导式对话”更强调沟通的有效性和建设性。

在日本，“引导”已经形成了一对一的辅导的方式。我也希望本书能对各位有所帮助，通过家庭教育培养出能够独立思考、独立行动的孩子。

阅读本书

将是一次学习爱的技巧与接受爱的训练过程，

它给了你一把开启孩子内心世界的钥匙，

指引你切身体会孩子的内心感受。

小紫真由美给父母拨开亲子教育的迷雾，

在本书中学会“听”，善于“说”，

让父母能在行动中看清自己，

并且避免做出一些伤害孩子的错误行为。

愿我们的孩子都拥有一个充满爱和关怀的温暖家庭！

目 录

前　言

如何点燃孩子的热情

从引导式教育的观点来看，家庭教育犹如孩子拉手推车的时候，妈妈在后面推一把。

一个寒冷的冬天，孩子正拉着一车东西艰难爬坡，这时，绝大多数父母都会自然而然地想替孩子拉车。但我告诉你，必须得让孩子自己去拉，即使是孩子从来没有拉过车而且很可能会失败，也要让孩子自己拉车。没有拉过手推车的孩子当然不会调节好力度，手推车可能会倾斜，甚至会伤到孩子。但绝对不能说："哎呀，别伤着自己了，妈妈替你拉吧。"这时候，妈妈该做的是在保证孩子不受意外伤害的情况下，让他自己拉车。这样反复几次，孩子就能学会如何调节力气，努力前进。这个时候妈妈在后面推一把，孩子就能把车拉得更顺利一些。

这就是引导式家庭教育的基本理念。习惯了父母和别人的指导的孩子有时候很难应对突发事件。犹太人的《塔木德经》里有一则"蛇头和蛇尾的故事"，就能很好地体现家庭教育中的引导的重要性。

蛇尾总是跟着蛇头走，很不满意。有一天，蛇尾说：“我为什么总得跟着你走？你总是按自己的想法走，根本不管我的感受，这很不公平。我也是蛇的一部分，为什么要像奴隶一样听从你的指挥呢？”蛇头回答说：“你怎么能这样说话？我并不只是为我自己，我之所以总是带着你走，是因为你没有能看清前进方向的眼睛，没有能分辨危险的耳朵，没有能决定行动的头脑。我是真心为你好啊！”

蛇尾大声讥笑着回答道：“我已经厌倦你的说教了，独裁者和暴君才会这样蒙蔽追随者！”蛇头回答说：“如果你真是那么想，那么就让你走在前面试一试吧。”

听了蛇头的话，蛇尾非常高兴。它跃跃欲试，但没过多久它就掉进了水沟，费了很大的劲才从水沟里爬上来。可是很快它又掉进了刺丛里，蛇尾拼命挣扎，可是越挣扎越出不来。浑身是伤的蛇尾最后靠蛇头的帮助才得以逃脱。可是蛇尾还想走在前面。这回糟了，蛇掉进了火堆里，周围越来越热，蛇开始害怕了，着急的蛇头想救出蛇尾，但已经来不及了。火势很快蔓延到了蛇头，结果蛇就这样被烧死了。

这则故事的结局无疑是令人惋惜的，如同生活中不当的教育导致的不良结果。父母包办的被动式教育让孩子感到压抑，这种压抑的能量不断积累会产生偏执和逆反，而此时孩子的经验和能力还不足以应对生活的问题，可他们已经拒绝听取父母的建议，并宁可为此付出代价，这就使事态变得危险。此时的父母们往往充满担心却又束手无策。并非所有采用包办的被动式教育的家庭都必然酿成悲剧，但这种形式的确在不同程度上妨碍和压抑孩子，那么，引导式教育又有什么不同呢？

被动式教育和引导式教育的区别

现在仍有很多父母认为：“我是父母，我就应该教孩子。”但父母毕竟不是老师，即使想教孩子，孩子也不一定听话。

我主办的家庭教育辅导班里，有很多父母都对我这么说过：“我家孩子不管怎么教育都不爱学习。”如果我说：“即使父母不教，孩子自己也能领悟。”他们就会说：“不可能，我不教的话，孩子根本什么也做不了。”很多父母认为，只要父母管教得好，孩子就能变好。

引导式的教育，从一开始就会避免这些，因为它的前提是相信孩子自己的潜能，它只是发现和运用潜能，孩子在这个过程得到的不是压抑，而是尊重和激励。其实每个人都一样，只要有学习的欲望，别人不说也能主动学习。这种欲望就是我们要引导出来的。引导孩子学习的欲望就是妈妈该做的事情。有的妈妈说：“都是因为我督促他才学的，要是我不说的话，他自己才不会主动学习呢。”其实这不过是孩子因为害怕妈妈或是不想挨骂才变得乖一点而已，这种变化不可能延续很长时间。如果孩子没有打心眼里认识到学习的重要性，那么他不爱学习的本性是改不了的。

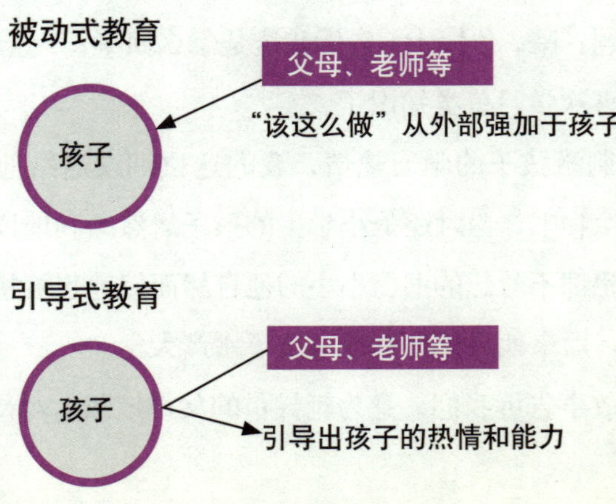

妈妈是最好的辅导员

“培养能力的行为”叫做引导式教育，实施这种教育的人叫做辅导员。人只要满足以下几个欲望就能自主行动起来。比如,“我能行”——自信心，“我做得对”——确信自己等。引导这些欲望和能力，把人引领到成功之路上的人就是辅导员。

孩子们都拥有比父母的期待还要高的可能性。作为母亲，你应该成为引领他成功的辅导员。这就好比运动员和教练的关系。运动员为了突破记录不断地练习，教练也希望运动员能取得好成绩,但不能因此就背着运动员跑步。教练背着运动员跑，很可能两个人都倒下。即使是教练背着运动员跑步取得了好成绩，运动员也不会高兴，因为这不是他自己的成绩。通过自己的努力取得成就，人们才会感到喜悦。

我有一个非常喜欢钓鱼的朋友。我以他的事情为例，讲一讲作为辅导员的父母的作用是多么重要。我这个朋友有个儿子，孩子很小的时候就跟着爸爸去钓鱼。孩子喜欢玩爸爸钓上来的各种鱼，慢慢地对鱼产生了兴趣，向爸爸提了很多问题。时间长了，爸爸已经回答不上孩子的提问了，所以干脆买了一些书，一有空就跟孩子一起学习有关鱼的知识。就这样，孩子逐渐掌握了很多关于鱼的知识，周围的人们也经常问他一些有关鱼的问题:“喂，鱼博士，告诉我这是怎么回事？”这样一来，孩子更加喜欢学习鱼类知识了。

为了刺激孩子的学习热情，我的这位朋友送给他的孩子一套高中生物书，当时还是小学生的孩子居然顺利地读完了其他同龄人想都不敢想的书。小小的他自然而然地想着将来要当鱼类专家，后来他果然顺利地考上了水产大学。

这则故事告诉我们，身为辅导员的父母该怎么对待孩子。

首先，他带孩子去钓鱼，让孩子接触新鲜事物。

↓

当孩子对鱼感兴趣的时候不说“太脏（危险）了，不要摸”等来阻止孩子，而只是在旁边静静地看着他。

↓

当孩子提出问题时并不认为是件麻烦事，都给予回答。

↓

买书，与孩子一起学习。

↓

肯定孩子的成绩，并为他呐喊助威。

↓

买来更具提高价值的书，刺激孩子的学习欲望。

后来，这个孩子长大成人后说：“我不知道自己有没有这方面的天才，只是经常跟爸爸去钓鱼，就对鱼产生了兴趣。如果是爸爸一早就让我当鱼博士的话，就不一定是现在这样了。”

“发现孩子的可能性，关注他，并且在需要的时候帮助他。”就是这种作为辅导员的接近方法使得孩子的才华开花结果。妈妈是与孩子关系最密切的人，所以也应该是最好的辅导员。但一定要记住，主人公是孩子，妈妈的作用就是培养他不怕困难、顽强生活下去的意志，让孩子独立起来。别忘了，父母再爱孩子也不能替他走完人生之路。

支持他还是帮助他

有助于孩子成长的方法有“支持”和“帮助”两种，我们通过下面的假设来看一看这两种方法有什么不同。

你在路边发现一个人倒在苹果树下，树上结满了果子，但那个人似乎没有力气摘到苹果。如果你不管，他可能会被饿死。那么，你该怎么做?

你首先是摘苹果给他吃。像他这样没有力气或光靠自己的力量无法克服困难的人，我们替他做事情叫做“帮助”。得到了你的帮助，那个人终于脱离了危险，恢复了健康。但以后你该怎么做?继续给他送苹果或食物吗?在某一个瞬间，他会不会反感继续依赖你呢?或者习惯于这种依赖他人的生活，只等着你拿食物给他?但可以肯定的是，没有你的帮助，他就无法继续活下去。

但是，有一天你有事情，无法继续“帮助”他怎么办?他只能挨饿。我们谁也不希望出现这种情况。其实，只要他自己能够行动就再也不需要别人“帮助”了，应该让他学会摘苹果，让他能够独立生活下去。你所需要做的就是告诉他怎么摘苹果，并看着他摘苹果，在他需要的时候帮一下忙，这样他就能自己摘苹果吃了。这就是辅导员该做的“支持”，即支持他独立生活。

请你反省一下，实际生活中你的家庭教育方法是“帮助”型还是“支持”型?当然，孩子在婴儿时期绝对需要“帮助”，而且当孩子第一次做某种事情的时候也需要“帮助”。但一直都“帮助”吗?妈妈的角色就是作为辅导员“支持”孩子独立。妈妈应该以“我的孩子有很大的潜力，有很多可能性”的态度对待孩子，引出孩子自身拥有的能力和热情，并让它得到最大限度的发挥，而不是指使孩子“该这么做”、“该那么做”。

引导式教育的三原则

原则 1：每个人都有无限的可能性。说的是引导式教育对人的评判，这里的“无限”可以理解为“数不胜数”。但人总是习惯性低估自身的能力，常常认为“我不可能做到”——这是不敢挑战——或者“以后有时间再做吧”，用这样的理由来拖延时间。辅导员相信对方的各种可能性，并激励着对方。每次看着一个把“我不行，我没有自信”当做口头禅的人自从接受引导式教育以后，开始为实现自己的梦想和目标而努力的样子，我都惊讶于人类无限的可能性。

原则 2：答案不在辅导员那里，而在自己身上。这里的“答案”是指对方的“可能性和能力”，也就是说，“相信对方能做好”。很多人一提到教育，就认为是拥有正确答案的父母或老师来指导孩子。人从小就开始跟大人学习各种知识和技巧，掌握生活的方法，没有得到教育就无法成长。但只是接受指导的人无法充分发挥自身的能力。要想充分发掘孩子所拥有的可能性，就必须以孩子自身的“愿望”为前提。人只要有想做某件事情的愿望，即使没有人指挥也能主动行动起来；一个人没有想做事的愿望，即使是派给他再优秀的指导者也是没有用的。

原则 3：辅导员的作用就是帮助他人找出答案。辅导员该做的不是指示对方该怎么做，而是帮助对方拥有想做某件事情的愿望，并付诸行动。这里的关键就是孩子自己能做到多少。

如果把以上三个原则应用到家庭教育中去，就可以得到如下的结论：

- ★ 所有的孩子都拥有无限的可能性。
- ★ 答案不在父母那里，而在孩子身上。
- ★ 父母的作用就是帮助孩子找出答案。

本书就是以这三个原则为中心，讲解在培养孩子生活能力的过程中妈妈和孩子怎样形成和谐关系。

引导式教育的基本态度

辅导员会以什么样的态度来看待孩子的成长呢？让我们了解一下辅导员的信念吧。

第一，辅导员相信孩子自己拥有前进的能力。他们认为，即使是不做指示或命令，孩子们也能自己行动起来。

曾经向我咨询过的幸子就是这样的人。她的女儿学钢琴，但怎么练习都没能提高技艺。幸子总是指示孩子："为什么不练？""吃饭之前练不行吗？""星期天不是有很多时间吗？"

有一天，幸子发现女儿的钢琴教科书上画了一只小猫，小猫旁边还画了小圆圈。她问女儿为什么画那些东西，女儿回答说："我一个人练习太单调了，但是有小猫看着就开心多了，如果弹得好，我就在小猫旁边画个小圆圈。"这是幸子的女儿自己想出来的开开心心弹钢琴的方法。当时，她觉得孩子也不容易，就夸了一句："这想法真不错。"从那以后，她经常问孩子："怎样才能觉得弹钢琴是件有意思的事情呢"或"弹钢琴有什么好处"等，还夸奖孩子的优点。现在幸子的女儿能主动跟妈妈说："妈妈，我能弹这首曲子。"

幸子非常自信地说："即使是妈妈没有命令孩子，她也能自己向前发展。孩子的成长方法只能向孩子请教。"毕竟大人能做的事情是有限的。

第二，杜绝指责和抱怨，要建设性地看待问题。我当主持人的时候，曾经采访过少年棒球队。每当孩子挥击不中时，坐席上的教练和父母就异口同声地大喊："干什么！好好打！"孩子吓得表情都僵硬了，再一次挥动球棒仍然没能击中。坐席上的父母和教练又开始大声喊了："你这傻瓜，怎么回事？"这样一来孩子的表情更加僵硬了，挥击连连失败。

站在指导孩子的立场上，父母或教师有责任引导出孩子想做某件事情的热情。但命令、指示或责骂的方法都无法引导出孩子自身拥有的愿望和能力。

前面我们讲到的培养出鱼博士的那位爸爸就是忠实地履行引导式教育的典范。这位爸爸注重儿子的才能，支持他学习的同时，还教会了他生活常识和社交礼仪。

为了培养儿子的学习习惯，孩子上小学低年级的时候，他每天晚饭以后都坐在孩子身边陪着他学习。他说："孩子还没养成学习习惯时，不能光靠孩子的自律，毕竟玩比学习轻松得多。"这样孩子学习时有什么不懂的，就可以直接问爸爸。如果孩子解决了难题，他也跟孩子一起高兴："连这样难的题也能做呀！真了不起。"这样的鼓励培养了孩子的挑战意识。他就是把被动式教育和引导式教育配合得比较好的典型。这样一来，孩子成绩提高了，对学习有信心了，也就喜欢学习了。上了高年级以后，孩子已经认识到了学习的重要性，他就开始让孩子独自学习。

在日常生活中，他为了让孩子对学习感兴趣也做了一些努力。比如说，带孩子去超市买东西，结账时让孩子算一算一共花了多少钱；在家看新闻的时候，如果出现地名就让孩子在地图上找出那个地方，这些都能让孩子非常自然地应用到所学的知识。这样引导兴趣的结果，孩子终于成为不仅学习成绩好，而且人品也好的人。

听的方法

引导式教育中最基本的是“听”。“听”也需要技巧。养育孩子的父母们往往都经历过自己说得再对、孩子还是听不进去的情况，这时候做父母的简直都要绝望了。但只要你退一步想，就能帮助孩子自己解决问题。

所以，你首先应该尊重孩子，倾听孩子说的话。那样你可能会非常惊奇地发现，原来你的孩子很有见地，有自己独特的看法。

第1章

1 怎样引出孩子的真实想法
“妈妈，我不想做了”

“妈妈,我不想做了”,“我不愿意”,“我讨厌做这个”……我们的孩子经常会说这些话，这时候大部分妈妈会说：“哎呀，又怎么了？”或者显露出“我早知道你的小心眼了”的表情。妈妈的这样一句话可能会让孩子非常失望。在妈妈看来，孩子根本就没有毅力，但孩子说出这种话一般都是有理由的。如果这时候你倾听一下，就能明白孩子内心的真实想法。

悠美上小学三年级，妈妈最担心孩子没有毅力。一天，妈妈看见悠美非常认真地做学校留的手工作业，觉得难得，就想夸奖孩子一句。结果悠美一看妈妈过来，马上大发脾气。

不利于孩子成长的随意性对话

悠美：哎呀，烦死了！妈妈，我做不好手工雕刻作业，我不想做了。

妈妈：**你才做多长时间就喊烦？再多做一会儿看看吧。❶**

悠美：太费时间了，我可受不了。

妈妈：**你总是没有耐性，什么都是半途而废！连这个都做不好。❷**

悠美：但我不是已经练了五年钢琴了吗？

妈妈：那你就用弹钢琴的耐心把这个作业坚持做完，不就行了嘛。

悠美：不，我不想做。

妈妈：**那随便你，等着明天上学挨老师批评吧。❸**

悠美：算了吧！妈妈根本什么都不懂……

其实孩子说“不想做”并不是真的不想做，只是在做的过程中没那么顺心，向你诉说而已。这时候大部分妈妈们认为是孩子不想做了，就逼着孩子继续做（❶❷）。上述对话中，妈妈看到孩子不听话就用“等着明天上学挨老师批评吧”来气孩子（❸），这么做的结果是孩子原先的热情也消失了。这个时候，妈妈不应该否定孩子的话，或说出自己的意见，只要听一听孩子说的话就足够了。在这样的情况下引出如下的对话更为有效。

有利于孩子成长的引导式对话

悠美：哎呀，烦死了，妈妈，我做不好手工雕刻作业，我不想做了。

妈妈：（亲切地）**哎呀，我家悠美不耐烦了？❶**

悠美：嗯，太费时间了。

妈妈：太费时间了，所以烦了。❷

悠美：理香刻得可快了……

妈妈：哦，是和理香比较后才感到烦的。❸

悠美：妈妈，我不想输给理香。

妈妈：不愿意输给理香呀？❹

悠美：对呀！

妈妈：那么，理香是什么时候开始学雕刻的？

悠美：听说是半年前开始跟她妈妈学的。

妈妈：是吗？那你是什么时候开始学的？

悠美：上个月才开始的。

妈妈：才学了一个月，进步就这么大？理香什么都比你强吗？

悠美：当然不是，数学我就比她强。

妈妈：对呀，悠美喜欢数学，计算比妈妈还快。一开始就学得好吗？

悠美：不是，一开始我也学不好，还哭了呢。

妈妈：对呀，那么现在怎么学得这么好？

悠美：那是因为我反复练习。

妈妈：那么，雕刻是不是也是同样的道理呢？

这种情况下**妈妈不应该否定孩子或提出自己的意见，只要重复孩子说过的话，她就会觉得妈妈在认真听，就会敞开心扉，说心里话**（❶~❹）。敞开了心扉，孩子可能就不再烦躁了。其实这个方法一点都不难，只要把孩子的话重复一遍就可以了。

引导式对话的要点

孩子不愿意做某一件事情的时候，妈妈应该好好听一听孩子说的话，这样有可能了解到孩子不愿意做的理由。倾听孩子的话，重复孩子说的话，可以引出她真实的想法。

2 适应孩子的说话步调

“为什么在学校学过的东西还不会？”

在妈妈看来是一道非常简单的题，孩子却不知道怎么回答，真是让人着急啊。很多妈妈因为担心“只有我的孩子不会”，所以非常想马上告诉孩子这道题该怎么回答。但妈妈的这种焦虑只会让孩子更烦躁，而且不利于孩子发挥主动性——人一旦觉得自己不如他人就会感到焦虑和烦躁。

太郎妈妈因为他数学成绩不好而烦恼，向我咨询该怎么引导孩子。她说，孩子解不出学校教过的分数题，她忍不住对儿子大发脾气。

不利于孩子成长的**随意性对话**

太郎：妈妈，数学太难了。

妈妈：怎么了？不是已经在学校里学过吗？你到底哪儿不会呀？❶

太郎：分数除法太难了。

妈妈：给我看看——三分之二除以三分之一，这不很简单吗？为什么不会？❷教科书里也有，你看了没有？

太郎：……

妈妈：分数的除法是用乘法来算的，三分之二除以三分之一，实际上应该乘以多少？❸

太郎：一分之三？

妈妈：对啊，那答案是多少？❹

太郎：嗯……是二分之一吗？

妈妈：怎么会是二分之一呢？你到底会不会算啊？❺

太郎：乘法也不太明白……

妈妈：天哪！练了那么多题你还不会呀？在学校里学完了以后你到底有没有复习过？是不是因为没复习才不会算啊？❻

太郎：……（哭）

妈妈：哭也没用，拿本子过来。

上述情况下，最重要的是培养孩子的算题能力，妈妈应该引导孩子的学习欲望和主动性。但太郎妈妈却单方面向孩子提问，用非常强硬的语气，而且还逼着孩子回答问题（❶~❻）。太郎没有自信，就更加胆怯畏缩了。其实每一个孩子都有自己的学习速度，那么怎样才能知道孩子的想法呢？

有利于孩子成长的引导式对话

太郎：妈妈，数学太难了。

妈妈：（先停顿一小会儿，再以柔和的声音说话）你有什么题不懂？

太郎：分数除法太难了。

妈妈：嗯，给我看看——三分之二除以三分之一，老师是怎么教的？

太郎：老师把分数倒过来了。

妈妈：对呀，用乘法算。那么，该怎么算呢？

太郎：三分之二乘以一分之三，对吗？

妈妈：对呀，这个步骤不是做得很好吗？（温柔地）你是不是不会算乘法？我们来算乘法吧。

太郎：妈妈教我吗？

妈妈：当然，但是以后要是有连妈妈都不会的题怎么办？（笑着）那不是很麻烦吗？

太郎：我以后在课堂上认真听讲，回到家里也要好好复习。

妈妈：对呀，在学校里好好听课，回到家里好好复习就可以了。

父母跟孩子说话时应该考虑到孩子的理解能力和说话的速度，像这样合着对方的理解能力和说话速度进行对话叫做“步测”（pacing）。说话速度慢的人与说话速度快的人对话会有抵触情绪，但是两个说话速度一样的人对话彼此都会有“同类人”的感觉。除说话速度以外，说话的内容和多寡、声音的高低和身体动作上步调一致也是一种 pacing。你想与孩子进行心灵的对话，随时都要记住这个 pacing，要不然对话很容易变成单方面的说教。

引导式对话的要点

当你发现孩子不会做已学过的题时，可能会很生气，同时又为孩子担心，但还是要配合孩子说话的内容和速度进行对话才行，这样才能消除孩子的焦虑和不安，让他恢复平静。

3 替孩子着想可以激励孩子

“我不想当队长”

当孩子没有信心的时候，妈妈为了鼓励孩子，常常说“加把劲”之类的话。想想看，你有没有说过类似的话呢。请你好好考虑一下孩子的心理吧，孩子已经很努力了，可是妈妈还是催着他加把劲，他会怎么想呢？可能是更没有信心了。那么，该怎么鼓励没有信心的孩子呢？

明菜妈妈觉得当合唱队队长的女儿这几天无精打采，就关心地询问怎么回事，反而惹得她大动肝火。为此明菜妈妈特地向我咨询该如何处理。

不利于孩子成长的随意性对话

妈妈：明菜，怎么了？这几天总是无精打采的。

明菜：没什么。

妈妈：发生了什么事？

明菜：唉……妈妈，合唱队队长真不好当。

妈妈：怎么啦？谁说你什么了？

明菜：合唱队里有两个同学打架，我是队长，对谁都不能偏心，真烦。

妈妈：**难怪，我觉得你应该好好当这个队长。❶ 不过他们迟早会和解的，不用太担心。❷**

明菜：能和解的话还用我担心吗？唉，妈妈，我真不想当这个队长。

妈妈：**这是什么话？每次都这样，真没耐性！以后还能做什么。❸**

明菜：……

妈妈：**别人是因为信任你，才选你当队长。你不能泄气！❹**

明菜：他们把自己不愿意做的事情全推给我，我真不想当这个队长！

妈妈：**不许说泄气话，好好干！❺**

上述对话中妈妈根本不关心孩子的苦恼，总说“该好好当队长”、“好好干”之类的话（❶~❺）。作为妈妈当然希望孩子能有自信心，但她这种鼓励方法在孩子听来就是“你这样当队长是不行的”、“你没有努力”。孩子会觉得妈妈不是跟她站在同一立场上的，或者认为“像现在这样做是不行的”。孩子已经很努力了，但还被要求更加努力，这等于勉强让已经没有油的汽车继续跑一样。

有利于孩子成长的引导式对话

妈妈：明菜，怎么了？这几天总是无精打采的。

明菜：没什么。

妈妈：发生了什么事？

明菜：唉……妈妈，合唱队队长真不好当。

妈妈：**队长不好当？❶** 发生什么事了？

明菜：合唱队里有两个同学打架了。

妈妈：是吗？

明菜：我是队长，对谁都不能偏心，真烦。

妈妈：**哦，原来你是为这事犯愁啊！唉，队长确实不好当！❷**

明菜：同学们都让我解决，可我不知道怎么解决呀！

妈妈：**这事真不好解决，那你想怎么办呢？❸ 不想当队长了？❹**

明菜：不是。累是累，可我还是想当队长。

妈妈：**是吗，那么妈妈该怎么帮你呢？❺**

明菜：不用了。妈妈，跟你说了以后我感觉好多了。

妈妈：**真的？谢谢你能跟妈妈讲这些，妈妈永远都支持你。❻**

明菜：妈妈，我知道了。

妈妈应该重复一下孩子说过的话，理解孩子（❶~❸），那么孩子就可以冷静地整理自己的思绪。妈妈让孩子自己选择该怎么做（❹），还要让孩子明白妈妈永远支持他。孩子知道妈妈倾听了自己的想法，感觉轻松多了，就可以重新整理自己的思绪了。

引导式对话的要点

当孩子没有干劲的时候，比起“加油”、“认真点”，倾听和支持更有效。孩子已经很努力了，妈妈还说“认真点”，很容易让孩子觉得妈妈不是跟他站在同一立场上。

用肢体语言表示你在听

“妈妈忙，快点说！”

忙得不可开交的时候，孩子在一旁不停地跟你说话，很多时候妈妈们都想敷衍了事。孩子看到妈妈敷衍自己，一开始可能还想引起妈妈的注意，但看到妈妈始终是这样，最后会非常生气地想：“妈妈到底想不想听我说话呢？”即使再忙也要努力做到不让孩子产生“再也不跟妈妈说话了”的想法。

上小学四年级的丽奈和上小学二年级的胜的妈妈又要上班又要照看孩子很忙。她不知道忙的时候该怎么跟孩子对话，就向我请教了解决方法。

不利于孩子成长的随意性对话

胜：妈妈，你听我说……

妈妈：（一边切菜）**哎，什么事？**❶

胜：今天在学校里，那个……

妈妈：什么？（拿着刀）这里危险，你站远一点。

胜：那个……

妈妈：**到底有什么事？你能不能快点说？妈妈得赶紧做饭。**❷

胜：行了，算了。

妈妈：到底有什么事？这就要摆饭菜了，你去收拾餐桌吧。

（这时候丽奈走过来跟妈妈说话）

丽奈：妈妈……

妈妈：（打开冰箱自言自语地）**豆腐还有剩的。**❸

丽奈：妈妈！

妈妈：怎么了？一会儿再说吧。我不是让你们收拾餐桌的吗？

丽奈：好了好了！

上述对话中的❶❸里，妈妈给说话的孩子一个背影，或像❷那样虽然表示在听，但孩子却认为妈妈根本没听自己说话。**孩子说话的时候，你应该用肢体语言表示你在听，因为重要的不是你认为的“我听了”，而是孩子认为的“妈妈听我说话了”。**

有利于孩子成长的引导式对话

胜：妈妈，你听我说……

妈妈：（看着孩子的眼睛）**什么事？**❶

胜：今天在学校里，那个……

妈妈：（愉快地）**在学校里怎么了？**❷

胜：（犹豫不决）那个什么……

妈妈：（亲热地）怎么了？

胜：老师表扬我了。

妈妈：**是吗？老师表扬你了？很高兴吧。老师为什么表扬你呀？**❸

胜：那个什么……（这时候丽奈也过来插话了）

丽奈：妈妈……

妈妈：（看着丽奈）**哎，丽奈。**❹

丽奈：今天我也有好事。

妈妈：**真的吗？太好了！**❺**妈妈也很想仔细听你们说话，可是现在正准备吃饭呢，我们能不能一会儿吃饭的时候再说呀！**❻

胜和丽奈：好。

妈妈：**你们帮妈妈一下行吗？做完饭就有时间跟你们说话了。**❼

丽奈和胜：好。

首先，妈妈重复一遍孩子说过的话，而且不只用耳朵听（❷❸❺），还要转过身去看着孩子的眼睛（❶❹），用肢体语言来表达你对孩子说的话很感兴趣。妈妈再表示为了更好地听孩子说话，希望他们帮妈妈做一些事(❻❼)。这时孩子认为妈妈理解自己了，就愉快地按照妈妈的吩咐做事。

引导式对话的要点

忙碌的时候要继续听孩子说话，难免会从态度上让孩子产生“妈妈不听我说话”的感觉，从此，孩子可能会对妈妈失去信任。这时候，用“现在没有时间，我们以后再谈行吗”或“五分钟之内能说完的话，现在就说吧”等方式来赢得时间会比较好。

5 用支持的态度培育孩子的梦想

“我一定会成为有钱人”

孩子们经常说：“我长大以后要成为×××。”这个时候有的父母就想给孩子灌输自己的想法。但是，不管孩子的梦想是什么，最重要的是憧憬未来、肯定自我的心态，父母该做的就是支持孩子的这种心态。即使是长大以后未能实现梦想，只要在小时候不受干扰，自由自在地追逐过梦想，那么他将拥有自我期待的心理，并且增加自信心，能最大限度地发挥自己的能量。

上小学二年级的广司的父母最关心的就是给孩子种上梦想的种子，所以只要围坐在一起，家人就都对广司的理想七嘴八舌地表示看法。

不利于孩子成长的随意性对话 ✗

妈妈：广司，你长大以后想成为什么样的人？

爸爸：广司，你应该成为对社会有用的人。

广司：我想成为有钱人！

妈妈：啊？有钱人？

爸爸：广司，我们问的可是职业，不是有没有钱的事。

广司：做什么工作没关系，我只要成为有钱人就行了。

妈妈：**那不好。❶**最近你看有关富人的节目，很羡慕他们？

爸爸：**广司，你知道吗？有钱并不一定幸福。❷**

妈妈：**嗯，很多有钱人连一个朋友都没有，甚至为了钱而争斗。❸**

广司：不是的！

爸爸：哈哈！知道了。成为有钱人也不错呀，爸爸也希望有钱。

广司：别拿我开玩笑！

当孩子充满憧憬地说出了梦想，父母却一味地泼冷水，那么他的心情会怎么样呢？广司的爸爸妈妈一听到孩子要成为有钱人，马上表示担心和震惊，通过❶～❸中的语言，我们可以看出广司的父母的金钱观。如果像上述对话那样，孩子的热情就会受挫，对爸爸妈妈的不理解，孩子会感到伤心和不满。最重要的是“要成为有钱人”这句话包含的孩子的想法。如果广司的父母当时问问他为什么想当大款，又会是什么样的情形呢？

有利于孩子成长的引导式对话 ✓

妈妈：广司，你长大以后想成为什么样的人？

广司：我想成为大款！

爸爸：大款？你为什么想当大款呢？❶

广司：可以随便花钱呀！

妈妈：对呀，有钱可以做很多事情。❷

爸爸：那你有钱以后都想怎么花？❸

广司：我想给全世界所有国家建立学校和医院。

妈妈：哎呀，太好了！你是怎么想到的？❹

广司：因为很多孩子没钱上学，有的孩子得了重病没钱治疗就死了。

妈妈：是吗？我们广司想为这些孩子们出点力是不是？❺ 你这么善良，妈妈真为你高兴。❻

广司：有钱可以建很多医院吧。

爸爸：对，但是建医院需要很多钱，你想一个人出那么多钱吗？❼

广司：（吃惊的）不是，跟朋友们一起出钱行不行？

爸爸：行啊。但你没钱也可以建医院，想办法大家一起凑钱啊。❽

广司：对呀。

对于孩子的梦想，父母首先要表示同感（❶❷），然后再问孩子为什么拥有这样的梦想，引导出孩子真正的想法（❸❹），认可孩子的梦想并为之高兴（❺❻），再告诉他还有其他实现梦想的方法和途径，让孩子拓宽视野（❼❽）。**对孩子的梦想发表自己的意见之前，父母首先要倾听、理解孩子的话，由此激发出孩子的热情。**

引导式对话的要点

如果孩子跟你说自己的梦想，请你一定不要强迫给他灌输你的价值观，首先要问清他为什么会有这种想法。如果你强迫孩子接受你的价值观，那么孩子就会觉得自己的梦想被父母拦腰斩断了，由此会抱怨父母或感到愤怒。

6 怎样倾听孩子的想法

“不行，今天一定要休息”

别以为孩子是你的就可以强迫他接受你的想法。妈妈们有时候因为过分担心孩子而阻止他的一些行为，但如果孩子非常迫切地想做某件事情的话，那么无论你怎么劝解也是没用的，这种做法反而会造成孩子的逆反心理。那么这时候妈妈们该怎么做呢？我们看一下佑稀的例子。

小学五年级的佑稀是学校足球队队员，非常喜欢踢足球，因为发烧这几天就没参加训练。今天他想去参加训练，但妈妈认为他还在发低烧，就不让他去。结果，孩子不顾妈妈的劝阻还是去了。

不利于孩子成长的**随意性对话**

妈妈：佑稀，你别去参加训练了，还是再休息一天吧。❶

佑稀：不用，我都好了，今天有选拔主力选手的重要比赛。

妈妈：不行，你现在还发烧呢。❷你这么逞能，病情严重了怎么办？

佑稀：没事的，妈妈！我都说没事了。

妈妈：这次选不上，下次还会有机会的。❸

佑稀：那是妈妈你自己的想法，我要去。

妈妈：佑稀，等等！（妈妈只好追过去拉住快要走出门的孩子。）

佑稀为了当上主力选手肯定作出不少努力，佑稀自己也知道健康很重要。对孩子来说梦寐以求的目标就在眼前，可妈妈根本不理解这些，只是单方面地阻止孩子（❶❷）。妈妈这么做根本就没考虑到孩子的心情，而且妈妈还说出了小看孩子想当主力选手的想法的话（❸）。如果跟孩子这样对话，孩子会认为妈妈根本不理解自己，甚至不支持自己的理想。

有利于孩子成长的**引导式对话**

妈妈：佑稀，身体怎么样了？❶

佑稀：差不多好了。今天有选拔主力选手的重要比赛，我得去参加。

妈妈：啊，是今天吗？你训练得那么刻苦，肯定很想参加吧？❷

佑稀：如果今天不参加比赛，那我训练那么长时间都白费了。

妈妈：选上主力选手当然好，但我觉得你努力训练本身就很重要，训练得那么刻苦不会白费的。❸

佑稀：我知道，但我还是想当主力选手。

妈妈：**我能理解你的心情，但我还是很担心。**❹现在还有点发烧呢。

佑稀：妈妈，我真的好了。

妈妈：（摸摸孩子的额头）是有点退烧了。

佑稀：对呀，我不是说已经好了吗？

妈妈：那也是……

佑稀：妈妈，我真的好了，你就让我去吧。

妈妈：可以是可以，但你要是觉得身体不舒服就不要逞能了，跟教练请假休息，行吗？我也给教练打电话，请他多关照一些。

佑稀：知道了。

妈妈：好吧。那么，佑稀加油！

佑稀：嗯。

从上述对话中可以看出，父母不能无条件地阻拦孩子，要表达出你真的很担心他（❶❹），然后对孩子顽强的意志表示肯定（❷）。认可孩子的努力，让孩子觉得妈妈真心为他着想，那么孩子也会向妈妈敞开心扉，说出心里话（❸）。这里最重要的就是让孩子认识到你在支持他，爱护他。

跟孩子达成共识比单方面表达你的想法要好得多，这种对话方法可以引导妈妈和孩子建立良好的关系，孩子对父母的信赖也会由此产生。

引导式对话的要点

不要因为担心孩子就一味阻止他，这样只能造成孩子的逆反心理。这时候妈妈不要单方面地给孩子强加你的想法，“我知道你的想法”，“但是，我还是担心你”等说法可以让孩子知道你和他有同感，同时也很担心他，这样你就可以跟孩子建立良好的关系了。

7 营造轻松的说话环境
“为什么没去补习班？你到底想干什么！”

向别人坦白自己的错误或难言之隐是需要勇气的，特别是当孩子害怕被父母责骂，承认错误更不容易。那么，孩子在什么情况下才有勇气说实话呢？你可以扪心自问，你自己在什么情况下才能说出心里话？

翔太是小学三年级的学生，翔太妈妈偶然得知孩子有一个月没去补习班了，她被吓了一跳，翔太妈妈真不知道该怎么对待这样的孩子。翔太的爸爸妈妈都以为翔太在补习班里学得好好的，听到这个消息连爸爸也惊讶不已。

不利于孩子成长的随意性对话

爸爸：（不愉快的表情和严厉的口气）**翔太，你知道爸爸、妈妈为什么生气吗？❶**

翔太：（胆怯的表情）……

爸爸：**你竟敢撒谎？为什么没上补习班？你到底想干什么？别像哑巴似的，说说看，到底是为什么呀？❷**

翔太：（一直低着头）……

妈妈：**好了，好了，你也别生气了，饶了他吧。❸ 我想孩子也会反省的。❹ 翔太，你是不是正在反省呢？❺ 跟爸爸说以后再也不敢了。❻**

爸爸：都怪你，每次都这样护着孩子还能教育好吗？

妈妈：你跟我发什么脾气呀。

翔太：妈妈、爸爸，我错了。

爸爸：**真的吗？以后再发生这种事情绝不饶你。❼**

父母们一旦发现寄予厚望的孩子做出让人失望的事情就无法抑制愤怒的情绪，把脾气直接撒到孩子身上。上述对话中，翔太的爸爸也是用威吓的表情和审问犯人似的口气责骂孩子（❶❷）。这种情况下，跟孩子面对面对话，只会让孩子更加紧张，无法说出心里的想法。另一方面，妈妈虽然劝说正在责骂孩子的爸爸（❸），并为孩子辩护，让孩子赶快认错，但得到的只是丈夫的斥责（❹~❻）。当孩子和丈夫发生矛盾的时候，妈妈们一般都急着当调解员收拾局面。这时候，即使是孩子听从了妈妈的催促向爸爸道歉，也不是因为他听话，只是害怕爸爸，想赶紧了事而已。

看起来责骂孩子的爸爸和催促孩子反省的妈妈的沟通方式是完全不一样的，但他们俩都犯了同样的错误，就是只顾自己说话，根本没听孩子的心里话，那么就等于没给孩子反省的机会。这种情况下最重要的就是了解孩子的想法，所以首先要营造适合孩子说话的环境。

有利于孩子成长的引导式对话

（爸爸、妈妈叫上翔太，大家一起围坐在客厅里的沙发上。❶）

爸爸：翔太，我们来聊一聊。可能你觉得不太好说出口，但我们认为你应该诚实地回答爸爸、妈妈的提问。❷

翔太：……

爸爸：听说，你这些天没跟我们商量就不去补习班了，这是真的吗？

妈妈：爸爸、妈妈想知道这是怎么回事。或许你有什么想法，也可以跟爸爸、妈妈说。❸

翔太：（小声地）其实也说不上是想法……

爸爸：没有想法？❹

翔太：补习班学的比学校难，三个月前我就跟不上了，所以不想去。

妈妈：啊，是这样！那你是不是觉得很累？❺

爸爸：我们早就该关心你在补习班里的情况了。

翔太：妈妈、爸爸，对不起。

妈妈：对呀，你没跟我们说就偷偷不上补习班是不对的，你知道吗？爸爸、妈妈为这事吓了一大跳。以后有什么事情直接跟妈妈、爸爸说吧。

翔太：嗯。

爸爸：重要的是以后。翔太，你怎么想？❻找别的补习班呢，还是自己学习？❼

翔太：我也不知道怎么办，再想一想吧。

责骂孩子的时候，父母不要坐在孩子的正对面，坐在侧面可以减轻孩子的心理压力。这对孩子影响较大，能从孩子的态度和行动上的微妙的变化反映出来（❶）。不要一味地责骂孩子，首先要了解孩子的想法（❷），再让他知道妈妈和爸爸是为他着想的（❸）。不要一味地指责孩子，要根据孩子的情况，进行合理的对话。另外，请别忘记对话过程中重复孩子说过的话（❹），理解孩子的心情（❺），这样孩子才能放下心理负担，打开心扉，反省自己。

最重要的是孩子反省自己的同时考虑以后怎么做，这时候如果父母提出几种比较合理的建议，孩子就能比较容易地找出解决办法了（❻❼）。

在这样安定的、有信赖感的环境里成长的孩子才能主动思考问题，自己作出判断，并能充满自信地行动起来。

引导式对话的要点

当孩子欺骗了父母或做出了什么不好的事情时，请不要坐在孩子的正对面，严肃地质问。侧身坐是一种能营造轻松说话环境的方法。虽然这点变化看起来很细微，但能够在很大程度上影响孩子。

8 听懂孩子的话外音

“今天考得不好，太差劲了！”

你家孩子有没有冷不丁说粗话的时候？这时候你是怎么对待他的？有没有拿你的标准评价孩子，责骂过孩子？孩子有时候会说出让父母难以接受的话，有的妈妈只因孩子说出了大人无法理解的话而大发脾气，臭骂孩子一顿。其实，这个时候最重要的是弄清孩子为什么会说出这种话。

美嘉是小学四年级的学生，数学成绩不好。有一天，美嘉和妈妈谈论数学考试的情况。妈妈觉得孩子这次考得不错，就夸了几句。可是不知为什么，孩子突然发起火来，还跟妈妈顶嘴。我们看一下当时的情景：

不利于孩子成长的随意性对话

妈妈：美嘉，数学考得怎么样？

美嘉：（很冤枉的表情）太差劲了！

妈妈：**差劲？你看，要学好数学就得上补习班。我不是常跟你说吗，你得学会学习方法。❶**

美嘉：（很反感的表情）……

妈妈：你耍什么性子？唉！成绩怎么就上不去呢？

美嘉：不是的！

（美嘉给妈妈看试卷，得了 85 分，这是比平常稍微好一点的分数。）

妈妈：85 分！不错呀！那怎么还说差劲呢？

美嘉：本来可以得 90 分的，我有一个小小的失误。

妈妈：**可是 85 分也不错呀！❷**

美嘉：（反感的表情）**我没上补习班，这是我自己学的。❸**

妈妈：所以说，你要是上了补习班，成绩肯定比这个还好。

美嘉：我不知道。妈妈就是认为自己的想法对。

妈妈：你这孩子怎么说话？

上述对话中，妈妈一听说考得差劲就认定是成绩不好，然后就开始说教（❶），这样就错过了表扬孩子努力成果的机会。那么孩子就会很伤心，即便是后来表扬了，也不能消除孩子心头的不快（❷❸）。如果你想理解孩子，就得弄懂孩子的话外音。

一位参加过我的家庭教育指导班的家长曾给我讲过这样的故事。她的儿子修是学校接力赛运动员，但连续两年都当替补选手。那年学校又选拔主力选手，孩子懊丧地回家了。妈妈问他："今年又没选上吗？"孩子马上回敬了一句："要是我当上了主力选手，妈妈肯定会在外面神气活现的，我就讨厌你那样，所以故意跑慢了。"火冒三丈的妈妈当场就收拾了孩子一顿。但是在旁边听他们谈话的女儿跟妈妈说："妈妈，其实修已经很努力了。可是妈妈不理解，他就故意说出难听的话气妈妈。"听了女儿的话，她感到特别难受。

孩子们不开心的时候可能会说出言不由衷的话。那么妈妈该怎样引导美嘉说话呢？

有利于孩子成长的引导式对话

妈妈：美嘉，数学考得怎么样？

美嘉：（很冤枉的表情）太差劲了！

妈妈：（沉默一会再说）**差劲？怎么会差劲呢？❶**

美嘉：要是没有那个小小的失误我就可以得 90 分了。

妈妈：是吗？

（美嘉给妈妈看卷子，得了 85 分，比平常考得好一点。）

妈妈：**85 分！不简单呀！考得真好！❷**

美嘉：要是写完后再检查一遍就好了，本来可以得 90 分。太可惜了。

妈妈：**对呀，真可惜。❸但妈妈还是很高兴。其实这已经很不错了，继续努力！❹**

美嘉：（高兴地）嗯。

妈妈：还有，你总结一下这次是怎么学习的？

（美嘉高高兴兴地讲述自己努力的过程。）

妈妈：我的美嘉真聪明。

美嘉：因为我是妈妈的女儿啊！

妈妈：对呀，哈哈！

（母女俩开怀地笑着。）

即使孩子说出了让人非常吃惊的话，也不要过于惊讶，也不要马上作出回应。首先应该好好听孩子说话，确认情况（❶），就像上述对话中那样，妈妈就能知道孩子“要是没有那个小小的失误就可以得90分”的想法，然后向孩子表示认同（❸），再真心为孩子的进步而高兴，并祝贺她（❷❹）。看见父母高兴的样子或听到父母的表扬，孩子当然会信心百倍，这些将会成为孩子加倍努力的动力。

孩子比大人缺乏语言表达能力，所以有时候无法准确地表达出自己的想法，妈妈不应该只看表面现象，而应该听懂孩子的话外音。

引导式对话的要点

孩子有时候会说出一些过激的言辞，这时候父母不要过于严肃地对待。也许，孩子说出的话跟大人所理解的意思不一样。比起语言本身更重要的是孩子内心的真实想法，父母要弄明白孩子为什么会说出那些话。

引导式对话中听的基本技巧

用心听

用心听的意思是真心实意地听孩子说话，而不是形式上的用耳朵听，要让孩子感到“妈妈正在认真听我讲”。但是，我们周围很多爱说话的人都不太重视倾听，但又都希望自己说话的时候对方能够倾听，并且明白他的心声。会倾听的妈妈对孩子来说是非常重要的，是可信赖的人。

别打断孩子的话

我们时常能看见孩子刚刚要说话，妈妈就在一旁打断孩子，自己说自己的。比如，孩子刚说一句：“妈妈，刚才我玩了 keroro 游戏，真有意思。”妈妈马上打断孩子说：“玩 keroro 游戏了？妈妈也喜欢玩……”那么孩子就有可能忘记自己刚才想说什么了。

不要让孩子难堪

有的妈妈打断孩子的话，说出自己的想法，让孩子尴尬难堪。有一次，我去朋友家玩，她的孩子从外面跑进来兴奋地说：“妈妈，我刚才去了文具店，看到一种神奇的组装机器人。”我的朋友可能是认为孩子想要买那个机器人，赶紧打断孩子说：“妈妈没有钱，你该知道吧。”结果，孩子马上就不高兴了，说：“谁说要买呀！”孩子提起机器人未必就是想买，所以父母们一定要慎重地对待孩子说的话。

不要轻视孩子说的话

有的妈妈对孩子的话持轻视或旁观的态度。这是在向我咨询过的一位妈妈身上发生的事情。有一天，她的孩子在课间给她打电话过来说：“妈妈，我可能是因为书包太重了，所以头疼，肩膀也疼。”这位妈妈虽然心里很担心孩子，嘴里却说：“你看，昨晚我不是让你别玩电脑，早一点睡觉吗？”结果孩子生气了，一声不吭地挂断了电话。这是妈妈没能抑制住自己想说的话，让孩子产生了反感。跟孩子对话的时候弄清楚孩子的真实想法很重要。

重复孩子说的话

有时候简简单单地重复一下孩子的话尾，也能让孩子打开心扉说出心里话。有一次，我在一个由小学生家长组成的家庭教育指导班上做过如下实验：

我把家长分成两人一组，两人又扮演“听的人”和“说的人”。

A：我昨天去看电影了。

B：看电影了！

A：人真多呀，我朋友说，前天排了一晚上的队。

B：排了一晚上？

实验结束后我问他们有什么感想，“听的人”大部分都说，不知为什么单纯重复别人说的话也不容易，感觉有点别扭，有点不好意思。可是“说的人”却说，没感觉到对方在重复自己的话，只觉得对方在非常认真地听自己说话。可见，重复别人说的话看起来简单，但它能传达出“我在认真听你讲”的意思。

用肢体语言表示你在听

孩子只要一看到妈妈细微的表情或小动作，即便妈妈装得再好，他也能看出妈妈有没有在听自己说话。请你不要忘记，孩子的眼睛比我们想象的还要敏锐。对话过程中让孩子感觉到你正在听是非常重要的。

看着孩子的眼睛说话

很多人都觉得，两个人谈话的时候要是对方不看着自己的眼睛，会觉得不愉快。眼睛是心灵的窗户。我曾经把家长分成两组做这方面的实验。一组是看着对方的眼睛谈话，另一组是不看着对方的眼睛说话。结果，不看对方眼睛的那一组家长说，很难把话题继续下去。有一位妈妈哭着对我说：“我有三个孩子，可是我从来都没有看着他们的眼睛说过话，现在想起来，他们那时候肯定是伤透心了。”请反省一下你是不是也是这样的妈妈。

孩子说话的时候要点头

孩子说话的时候父母可以点头或附和来表示正在认真听，也可以说：“啊，是吗？”“然后呢？”“嗯”等。如果你不附和说话的人，只是安静地听着，即使是真的很认真听，说话的人还是无法感受到。

跟孩子对话时注意你的姿势和身体动作

跟孩子对话的时候请你时刻注意自己的姿势和身体动作，特别是眼睛要平视孩子，托起腮帮子坐着或是扬起手的姿势会给孩子压迫感。妈妈自己都没察觉到的一些习惯性动作也许会引发孩子不愉快的情绪。

请你注意自己的表情

讲课的时候经常能看见一些听众哭丧着脸，看着他们满脸的不高兴，我心里就像打鼓似的不停地想："是不是我讲的太没意思了？"或"觉得我讨厌？"但是有一天，忽然发现我自己的表情跟他们没什么两样。那天，我正在做讲课前的准备，无意之间瞥了一眼镜子。天哪！镜子里是紧蹙眉头的女人，一脸凶巴巴的样子……人们在专心做事的时候很容易做出让人害怕的表情，而孩子们对这些表情的反应更敏感，所以跟孩子对话的时候请你一定要注意自己的表情。

怎样争取时间

你正忙得不可开交时孩子跟你说话，很多妈妈就勉强听着，但是孩子能感受到你有没有在听。这时候，跟孩子表明："妈妈现在没有时间，等会儿再说好吗？"或"五分钟之内能说完，就说说看吧。"这比勉强听着效果更好。妈妈的这种灵活性更能赢得孩子的好感。请记住，孩子一旦关闭心门，再重新打开是非常困难的。

提问的方法

如果说引导式教育是培养孩子自主性和活力的方法，那么其中的"提问"方法就是挖掘孩子各种可能性的铁锨。生活在富于信任感并能自由展开想象的环境中的孩子们能平静地看待自己的内心，思考并能找出"答案"。如果孩子得到的"答案"是自身努力的结果，那么孩子将拥有责任感，而这种责任感能发展成自主性的行为，自主性可以培育自信心和能量。现在，我们来看一看促进孩子成长、自立的"提问"方法的要点。

第2章

1 引导孩子的积极性
“要是没有失误可以得 90 分！”

孩子取得好成绩，妈妈当然会很高兴，自然也会表扬孩子，受到表扬的孩子的喜悦之情也会倍增。但还有一种方法可以借此机会使孩子的成绩更上一层楼。我们通过美铃的例子来学一学这个方法吧。

美铃的数学成绩一直都不太好，但这一次的数学考试她得了80分。考得比以前都好，所以妈妈表扬了孩子，但从引导式教育的观点来看，妈妈的这种表扬还有美中不足的地方。那么是什么地方还不够完美呢？

不利于孩子成长的随意性对话

美铃：（有点不好意思地）妈妈，你看……

妈妈：考试成绩出来了？（高兴地）**哇，80分！真了不起。**❶（看着美铃的脸）**考得真不错！**❷

美铃：（有点不好意思地）嗯，这些天我努力了一点。

妈妈：**努力一点就能取得这么好的成绩？告诉妈妈，这几天你是怎么努力的？**❸

美铃：我只是每天都复习了一点点而已。

妈妈：**复习了一点点？美铃，你太聪明了。**❹

美铃：嗯，要是没有失误，我能得90分呢，有点可惜。

妈妈：**不，这也不错。妈妈今天真高兴！**❺我们今天吃你喜欢的烤肉吧。

美铃：哇，太好了！

大部分妈妈看到孩子的表现比平常好，就不会吝啬表扬（❶~❺），但你要在这个基础上让孩子有所进步，就得用别的方法了。因为孩子以后还要继续学习下去，为了增强孩子的能力，可以进行下面这样的对话。

有利于孩子成长的引导式对话

美铃：（有点不好意思地）妈妈，你看……

妈妈：哇，80分！看来我的美铃真的认真学习了。**妈妈很高兴，美铃你呢？**❶

美铃：嗯，我也高兴，可是有点可惜。

妈妈：**是吗？什么地方可惜了？❷**

美铃：要是没有失误，我都能得 90 分，有点可惜。

妈妈：**怎么做才能避免失误？❸**

美铃：应该仔细检查一遍，下回我决不犯这种错误。

妈妈：**那么，你觉得下回能得多少分？❹**

美铃：90 分。

妈妈：那我等你的好消息。

在任何情况下，妈妈都要认可孩子的努力，并为之高兴。另外，妈妈不应该过分注重考试结果，重要的是孩子对考试结果的想法（❶）。那么，就可以像上述对话中那样，听出“可惜，本来可以更好的”的想法（❷）。然后再问孩子要避免失误该怎么做，这样就可以让孩子自己思考对策（❸），就像上述对话中美铃能想出“应该仔细检查一遍”一样。那么，孩子就知道将来该怎么做，然后妈妈可以再引出孩子的积极性（❹）。

对孩子来说，一次体验里蕴涵了很多成功所需的材料。**如果孩子失败了，就让孩子寻找失败的原因；成功了，就可以让他找出成功的原因。**能引导出这些才是最有效的提问。

引导式对话的要点

如果孩子有了一次好的体验就不要止于当前的喜悦，要引导出孩子“以后该怎么做”的思考。这些提问可以成为孩子进步的跳板。

2 引导孩子的自主性
“有没有带纸和毛巾？”

对妈妈来说，孩子的第一次经历也是妈妈的第一次经历，特别是第一个孩子的时候。作为妈妈，孩子第一次做某件事时，你有没有过分干预过，或者干脆代劳？我们可以从泰造的事例中反省一下。

小学五年级的泰造要参加学校组织的两天一夜的夏令营。出发前一天，从来都没有参加过夏令营的泰造兴奋地收拾着要带的东西，妈妈则在旁边帮忙。但是，妈妈觉得自己的做法还是有问题。那么，我们来看看当时的对话情景吧。

不利于孩子成长的随意性对话

妈妈：有没有漏掉什么？你一个人行吗？

泰造：妈妈，有没有报纸？

妈妈：**报纸？应该带席子才对吧。❶**

泰造：这次要带报纸。

妈妈：**下雨怎么办？席子不是更好吗？❷**

泰造：不是，别的同学也会带报纸的。

妈妈：**还是带席子好。有没有带纸和毛巾？❸**

泰造：还没有呢，我一会儿准备，妈妈你别管。

妈妈：**给我看看。就这些呀？老师说要带的有没有漏掉的？❹**

泰造：就是这些。妈妈，我自己能收拾好，你别管。

妈妈：漏了东西你可别怪我。

看得出妈妈非常希望孩子在参加夏令营过程中不出任何差错，所以指挥孩子该这么做，那么做，让孩子按照妈妈的意愿行动（❶❷），在孩子还没有考虑周全的情况下问东问西（❸❹）。

如果妈妈真的从头到尾帮孩子把所有的东西都收拾好了，那么孩子在参加夏令营过程中肯定不会遇到问题。但是，这种现象持续下去会有什么结果呢？孩子会认为，只要依靠妈妈就行了。**妈妈的过分干预会使孩子失去独立思考、独立行动的机会。**

有利于孩子成长的引导式对话

妈妈：**收拾好了吗？❶**

泰造：嗯，就差衣服了。

妈妈：**准备得真不少啊。❷**

泰造：啊！差点忘带报纸了。

妈妈：仓库里多的是。可是你要带报纸干什么？

泰造：当席子用啊。

妈妈：**是吗，你要带多少？❸**

泰造：哦，一天的？啊，不！两天的吧。

妈妈：两天的够吗？

泰造：对，要是下雨的话可能不够呢，带三天的吧。可是这样会不会太重了？

妈妈：**那么，除了报纸，什么东西在下雨时候比较好用？❹**

泰造：能防水的！有没有塑料席子？

妈妈：好想法！有席子。带席子吗？

泰造：对呀，下雨时可以铺席子。

妈妈：**还有没有需要妈妈帮忙的？❺**

泰造：没有，别的我自己都能收拾好。

妈妈：**好吧，明天要是有事记得给妈妈打电话。❻**妈妈也希望明天是个好天气。

泰造：嗯。

当孩子单独做某件事时，妈妈即使有些不放心，还是应该相信孩子。提问时也不要让孩子感到妈妈在强迫自己（❶～❹），应该让孩子自己思考问题，但可以引导孩子想出更好的办法。这就是信任孩子，引导孩子的方法。妈妈最好在孩子独立行动的同时，与孩子保持适度的距离，这样就可以随时帮助孩子（❺❻）。但“信任孩子”不是说对孩子漠不关心，而是与孩子保持适度的距离，能让孩子独立思考、独立行动，从而培养自信心，同时又可以在近距离内观察孩子的成长过程。

引导式对话的要点

当孩子要单独完成某件事时，妈妈即使有些不放心，也不要包办一切。随时观察孩子的举动，发现问题可提出“该怎么做更好”等简单的问题，引导孩子想出更好的方法。请别忘记独立性强的孩子和独立性差的孩子都是妈妈培养出来的。

3 不要把提问当做责备的工具
“你能自己去洗吗？”

一天到晚忙于照料孩子的妈妈可能一不小心就会说出“作业做完了吗？”“有没有去补习班？”“你怎么还没换衣服？”等没完没了的责备式的提问，这种提问只能让孩子产生逆反心理。祥治的妈妈品子就是这样的人。

品子凡事追求完美，总觉得四岁的儿子祥治的行为举止不够好。品子的朋友菊子觉得她这样对待孩子不好。品子到底什么地方不好呢？

不利于孩子成长的随意性对话 ×

菊子：祥治，你好？

祥治：（害羞的表情）……

品子：**祥治，跟阿姨打招呼吧。**❶

菊子：……

品子：**快说“阿姨好”。**❷

菊子：孩子害羞了。

品子：**祥治，去整理玩具吧。**❸

祥治：……

品子：听不到我说话吗？你看沙发上都是玩具，阿姨都没地方坐了。

祥治：……

菊子：阿姨买饼干了，我们一起吃吧。

品子：**哎呀，谢谢。祥治，赶紧说“谢谢”。**❹

祥治：谢谢。

品子：（向着祥治）**你洗手了吗？**❺

祥治：……

品子：**可以自己去洗吗？**❻

（祥治一声不吭地去洗手。）

品子：这孩子怎么这么磨蹭呢。

如此提问在孩子听来就是责备（❶～❻）。❺❻中的“你洗手了吗”和“可以自己去洗吗”可以更强烈地感觉到责难的口气。为了教育孩子而使用严厉的口吻说话，很可能产生逆反效果。那么我们该怎么做？

有利于孩子成长的**引导式对话**

菊子：祥治，你好？

祥治：（害羞的表情）……

品子：**祥治，阿姨跟你打招呼呢。❶**

祥治：阿姨好。

菊子：孩子真有礼貌。

品子：**祥治，沙发上都是玩具，阿姨没地方坐了。❷**

（祥治一声不吭地整理玩具。）

品子：谢谢，祥治。

菊子：阿姨买饼干了，我们一起吃吧。

品子：**哎呀，谢谢。祥治，阿姨买饼干来了，我们该怎么说呢？❸**

祥治：谢谢。

品子：（向着祥治）**这样就很有礼貌了，可是你好像忘洗手了。❹**

祥治：我正要去洗呢。

品子：**是吗？❺**

（祥治去洗手。）

妈妈不应该单方面地命令孩子，最好是先问孩子该怎么做，然后再等孩子回答（❶~❸）。问孩子的口气要尽量温柔，**重要的不是孩子回答得对或错，是孩子自己想到该怎么回答，**留一定余地，让孩子安心地、自由地思考，然后再对孩子的行为给予肯定（❹~❺）。

引导式对话的要点

“洗手了吗？”“漱口了吗？”对于这样频繁的询问，孩子会认为妈妈在责备自己。向孩子提问时应该留点余地、留点时间，让他能自由地思考。

4 如何引导出下次的成功
“平常不是弹得好好的吗？”

孩子挑战某个目标失败后，可能很长一段时间内都会有挫折感。虽然说不上是失败，但在学习成绩下降或没能被选上体育队的队员等情况下，因妈妈的态度不一样，孩子可能会更加失望，也可能克服困难、重新振作起来。

梓是小学五年级的孩子，她参加的钢琴学习班每月都举行一次演奏会。梓为了在演奏会上好好表现，认真练习了很多天。但演奏会那天因为紧张导致发挥失常。演奏会结束后，妈妈对孩子的表现非常不满意，一看到孩子就劈头盖脸地责骂了一顿。妈妈的这种做法会对孩子产生怎样的影响呢？

不利于孩子成长的随意性对话

妈妈：你知道妈妈今天多丢脸吗？❶

梓：……

妈妈：到底是怎么回事？平时不是弹得好好的吗？❷

梓：太紧张了。

妈妈：为什么紧张？像平时练习那样弹不行吗？❸

梓：……

妈妈：别的孩子都能弹得好，你也同样能弹得好。❹

（梓一脸生气的样子，但不说话。）

没发挥好的梓本来就懊悔不已，但妈妈不理解孩子的心情，把自己的不愉快全撒向孩子（❶），不给孩子思考的余地，一味地逼迫孩子（❷❸）。从“像平时一样弹不行吗”听得出妈妈根本不知道孩子紧张的原因，然后再来一句“鼓励”的话（❹），但这种鼓励在梓听来就是自己不如别人。责怪孩子失败就能让孩子进步吗？如何从孩子的失败中引导出进步？

有利于孩子成长的引导式对话

妈妈：（温和的声音）辛苦了，梓。（略顿一下）感觉怎么样？

梓：妈妈，全都搞砸了。（眼泪汪汪）

妈妈：是不是紧张了？累吧？❶

梓：练习时好好的……

妈妈：**对，我知道你练习时非常认真。❷**

梓：……

（过一小会儿。）

妈妈：**你觉得演奏会和平时的练习有什么不一样？❸**

梓：由于紧张所以手忙脚乱了。

妈妈：**为什么会这样呢？❹**

梓：所有人都看着我，紧张得手都发抖了，没法翻乐谱，一不小心就弹错了……

妈妈：慌张就弹不好，是吧？

梓：能再弹一次就好了。

妈妈：**如果今天的演奏会上还有机会的话，你想怎么做？❺**

梓：我要把乐谱翻好。还要沉着冷静。

妈妈：**对，对，怎么做才不会感到慌张呢？❻**

梓：嗯，首先……

当孩子失败时，妈妈不应该一味地责骂。这时最重要的是理解孩子的心情，接受孩子的想法（❶❷），还要根据孩子的状态慢慢提问，让孩子回顾所发生的事情，那么孩子就可以通过这些过程总结失败的原因（❸❹）。妈妈还可以向孩子提问引出以后的对策（❺），即引导孩子自己找出失败的原因（❻），这样就能让孩子想出有效的办法。通过妈妈的这种提问，孩子的这次失败将为下次的成功打下基础。

引导式对话的要点

当孩子在挑战中失败时，妈妈应该根据孩子的状态，慢慢提出“为什么会发生那种事情呢”等问题，让孩子回顾过去。那么，孩子的这次失败将为下次的成功打下基础。

5 提出新观点的建议方法

“你试一试吸气，连吸三次”

当孩子犹豫不决时，或者一个人怎么也想不出办法时，妈妈的构思或观点可能对孩子有所帮助。但是，如果妈妈单方面地强迫孩子接受自己的观点，孩子可能更加不知所措。那么，什么样的做法能让孩子容易接受妈妈的建议呢？我们从上一节的引导式对话中延伸一下看看。

有利于孩子成长的引导式对话

（接着上一节引导式对话继续说。）

妈妈：以后不想紧张该怎么办？

梓：嗯，首先，不应该紧张。可是大家都看着我，能不发抖吗？怎么办才好？

妈妈：（稍微等一下）**要不要听听妈妈的想法？❶**

梓：嗯。

妈妈：**这是我在大家面前发言时用的方法：先呼气，然后慢慢地吸气，连做三次。你觉得怎么样？❷**

梓：这样就不紧张吗？

妈妈：对妈妈很管用，呼气、吸气时可以集中精神。

梓：我现在就来试试。该怎么做？

妈妈：先从呼气开始。

梓：（呼着气）是这样吗？

妈妈：对，就是这样。

梓：妈妈说得对，真能镇定下来了。

怎么也想不出避免紧张的方法的梓，听了妈妈的建议后就可以解决问题了。那么，该怎么向孩子提出建议呢？我们来看看其要点。

首先，建议之前应该认真倾听孩子说的话。上述对话中妈妈向孩子提出具体的解决方法以后，给孩子留下了充分的思考时间。当孩子怎么也想不出方法的情况下，妈妈再向孩子提出建议。

提出建议时怎么解释也很重要，不要一开始就说“这么做试试”，最好是先得到孩子的同意再说。比如先说“要不要听听妈妈的想法”（❶）等来缓冲一下，然后再说出你的想法。那么，接受建议的孩子也会觉得自己的想法受到了尊重，所以比较容易接受妈妈的建议。

另外，是否接受妈妈的建议还要让孩子自己决定。建议不是推进自己的意见，即使真的是好建议，孩子不喜欢妈妈的强迫，不想照做的话，也就毫无效果了。可以像（❷）那样，“这是妈妈的想法，你觉得好就可以试一试。”请别忘记，建议的目的是得到孩子想要的结果。

引导式对话的要点

当孩子犹豫不决时，或者一个人怎么也想不出办法时，妈妈可以提出像“连续三次吸气怎么样？”等具体的建议，然后再给孩子充分的思考时间。那么，孩子就可以找到解决问题的线索了。

6 让孩子自己解决问题
“你也努力点吧”

当孩子遇到困难找不到解决方法时你是怎么做的？是不是急着帮孩子解决问题，提出这样那样的方法呢？如果孩子遇到困难时，每次都是妈妈提出解决方法，孩子就不想靠自身的努力找出解决方法，只会等别人想方法，在此之前他会一直回避问题。

雅治快要上中学了，但他对学习方法还是不得要领，雅治妈妈也不知道该怎么对待这个儿子。雅治本人虽然也努力过，但仍然觉得自己的学习方法存在一些问题。那么，雅治妈妈是怎么做的呢？

不利于孩子成长的**随意性对话**

雅治：妈妈，从补习班回来以后刚吃完晚饭就发困，学习时拼命想集中精神也做不到。该怎么办？

妈妈：是吗？你用冷水洗脸看看，或者冲热水澡。❶

雅治：不管用。

妈妈：怎样才能不困呢？如果是因为吃了饭就犯困，那么我们就晚点吃饭？❷

雅治：饿了也学不好。

妈妈：那该怎么办？❸

雅治：……

妈妈：其实妈妈上班也很累，晚上回来以后都困死了，但又不能不做家务。你也努力点吧。❹

我们不能像上述对话那样，孩子一说困马上拿出好几个解决方法（❶❷）。因为这不是孩子自己在思考问题，是妈妈反客为主了（❸）。然后，实在想不出办法的妈妈只好说“努力点吧”来了事（❹），那么，孩子就不知道该怎么努力，当然就没有学习热情了。

请你一定要注意，找出解决方法并付诸行动的应该是孩子自己，妈妈只是帮手而已。

有利于孩子成长的**引导式对话**

雅治：妈妈，吃完晚饭就发困，都没法学习，怎么办？

妈妈：**又累又困吧。怎么办呢？❶**

雅治：每天都这样，我不知道该怎么办。

妈妈：**是吗？是不是效率不太高？❷那么怎样学习比较理想呢？❸**

雅治：应该是短时间内集中精神学习吧。

妈妈：**你集中精神学习这些内容，需要多长时间？❹**

雅治：现在需要三个小时，可是集中精神的话也许一个小时就够了。

妈妈：**一个小时？你有过这样的经验吗？❺**

雅治：前几天早上起来写作业，精神特别集中。

妈妈：**我也觉得这个方法不错！你呢？❻**

雅治：我想也不错。

妈妈：**什么时候开始？❼**

雅治：明天开始？

妈妈：**几点起来？❽**

雅治：六点！那我现在就睡。对了，还得调好闹钟。

妈妈：**明天六点，那行，我们试试看。❾**

上述对话中，妈妈并没直接出面解决问题或强迫孩子按照妈妈的想法去做，而是通过提问，让孩子自己想出解决方法。我们可以从上面的对话中分析出帮助孩子解决问题的五步对话法。

步骤 1 确认孩子的当前状态、出现问题的原因以及孩子是怎么看待问题的。(❶❷)

步骤 2 确认孩子希望的是什么。(❸❹)

步骤 3 已经知道问题是什么，孩子希望的是什么，那该想一想为达到孩子所希望的目标，该做什么，需要什么。上述对话中，雅治通过回答❺❻的提问，终于想出了早上起来学习的方法。

步骤 4 如果已经想出了好方法，那么就该付诸行动了。这时需要具体的行动计划，计划越详细越能顺利实施，就是上述对话中❼❽的部分。

步骤 5 决定要实行的各个步骤后，最好是再确认一下，然后催促孩子行动起来。再通过鼓励孩子，让他明白妈妈为他呐喊加油，也就是上述对话中⑨的部分。因为方法是自己想出来的，孩子会有实行的热情，再加上妈妈的鼓励，孩子的实行欲望就会高涨起来。

如果在实际生活中不能像这样按步骤进行对话，可以回到前面的对话阶段。不管什么情况下，只要你意识到对话的这种流程，就可以整理孩子的心情，提高热情，再催促他实行。这样就比较圆满了。

引导式对话的要点

当孩子遇到困难、寻找解决方法时，有的妈妈就喜欢接二连三地提出解决方法。其实，这时候应该提出“怎么学习最理想”“你怎么想”等提问，让孩子自己想出方法才好。

7 用提问的方法拓宽可选择项
“这三项当中你喜欢哪个？”

有效的提问可以培养孩子的创造力和思考能力。可是，有时候孩子十分反感妈妈的提问，这可能是孩子觉得自己被强迫回答问题的原因。这种情况下该进行什么样的对话才好呢？

孝允是小学三年级的孩子，孝允的妈妈现在最关心的是儿子的教育问题。为了提高学习成绩，她让孩子上补习班，可是孝允还是对学习一点也不积极。孝允妈妈实在受不了这样的儿子，就大骂了孝允一顿。

不利于孩子成长的**随意性对话**

妈妈：孝允，有没有写补习班的作业？

孝允：啊，差点忘了。

妈妈：你到底想不想上补习班？不想学干脆别去了。❶

孝允：……

妈妈：妈妈不说你就不写作业了？你要是一直这样下去还不如不上补习班。❷

孝允：（厌烦的表情）我上补习班。

妈妈：那你应该在妈妈催促之前完成作业才行啊。

孝允：知道了，现在写不一样吗？

上述对话是在妈妈很不高兴的情况下进行的，其实妈妈是利用提问的方式责骂了孩子（❶）。妈妈让孩子在上或不上补习班的两者当中选择一项（❷），也就是妈妈不认可孩子的其他选择。那么，孩子会觉得上补习班是被迫的，他本身是不愿意的。那么，什么样的对话才能让孩子觉得是自愿选择上补习班的呢？

有利于孩子成长的**引导式对话**

妈妈：（亲切地）孝允，补习班的作业写好了没有？

孝允：啊，差点忘了。

妈妈：忘了？❶ 你好像不太喜欢补习班里的学习？是吗？❷

孝允：写作业没意思。

妈妈：没意思？那么妈妈问你，高高兴兴写作业、迫不得已才写作业、干脆不写作业这三项当中你喜欢哪个？❸

孝允：当然是高高兴兴写作业好。

妈妈：你觉得高高兴兴写作业这项好……那么，怎样才能高高兴兴写作业？❹

孝允：妈妈教我就好了。

妈妈：你喜欢妈妈教？那跟妈妈一起学吗？

孝允：真的？哇！太好了。

上述对话中妈妈不急于责骂孩子，首先接受孩子的心情（❶），再把自己的想法传达给孩子（❷），不嘲笑孩子，根据孩子的状态，引导出孩子的真实想法。另外，增加可选择范围，让孩子有选择的余地（❸）。然后，通过提问把孩子的选择具体化，再让孩子实行自己所选择的。这样就可以让孩子知道继续上或不上补习班这两项极端的选择以外，还有第三项可以选择，从此可以让孩子拓宽思考和创意的范围。人生的长跑不仅仅有跑或不跑两种选项，它还有“幸福的中间地带”（Happy Middle Ground），有时可以走着去，有时也可以迂回到达目的地。

我的咨询者当中有一位钢琴教师，她说：“很多妈妈对学钢琴的孩子说：‘继续学还是放弃？’这是两者当中必选其一的提问。其实，大人也有不愿意做该做的事情的时候。学钢琴的孩子也有不愿意弹钢琴的时候，但还需要一直坚持下去，弹钢琴的实力不是某一天早上突然练就的。”妈妈不要只看到眼前的情况，要想一想几年或十年、二十年后的情形。

引导式对话的要点

不要向孩子提出“做还是不做”这种两者当中必选其一的提问。可以进行多项提问，增加可选择的余地。两者当中必选其一的提问容易变成责骂。

8 如何回答孩子无聊的提问

“妈妈，为什么人这么多？”

孩子们一般都有强烈的好奇心，问得大人都无法招架，大人觉得理所当然的事情,孩子却感到新奇。当孩子问你“为什么”时，你是怎么回答的？如果妈妈对孩子的提问表现出不耐烦和不认真，或者用“你怎么这样呢”、“以后告诉你”等来搪塞的话，孩子长大以后可能不敢提出疑问，即使提出疑问也是犹豫不决。

刚次正在上幼儿园，好奇心特别强，有各种问题问妈妈，问得妈妈都回答不上来，可是又不能斥责孩子。刚次妈妈为这事苦恼了很久。

不利于孩子成长的随意性对话

刚次：妈妈，为什么人这么多？

妈妈：为什么呢？因为是大街呀。

刚次：妈妈，这么多人都去哪里？

妈妈：嗯，**上班去吧，或者是有事。❶**

刚次：做什么样的工作？

妈妈：（**快速走路）这我怎么知道呢？公司那么多。❷**

刚次：公司？什么样的公司？他们都在哪里工作？

妈妈：妈妈也不知道，刚次快点走！

刚次：那个……妈妈，他们为什么全都到这里来工作呢？

妈妈：**当然是公司在这里啊。别说了，赶紧走吧。❸**

当人们忙得不可开交时，孩子没完没了地问东问西，当然会觉得不耐烦。刚次妈妈对孩子的提问只做了模糊的回答，然后不耐烦地催他快点走（❶~❸）。其实，这是妈妈和孩子交流的绝好时机，应该好好利用孩子的提问，进行适合孩子水平的对话。

有利于孩子成长的引导式对话

刚次：妈妈，为什么人这么多？

妈妈：**是呀，人真多，为什么呢？❶**

刚次：嗯，孩子也比我们那里多。

妈妈：是呀。

刚次：这么多人都去哪儿呢？

妈妈：妈妈也不太知道。(小声嘀咕似的) **人们都去哪儿呢？**❷

刚次：是不是买东西去呀？

妈妈：对呀，去买东西的人也应该不少吧。但工作去的人也多吧。

刚次：工作？去做什么工作？

妈妈：**都做什么工作呢？**❸花店、面包店……商店也应该很多。

刚次：啊……

妈妈：人们都要工作的。

刚次：是吗？

妈妈：你长大了也要工作的。

刚次：嗯。

妈妈：**你长大以后想做什么样的工作？**❹

刚次：我想当地铁司机。

妈妈：哇！好棒！**你为什么想当地铁司机？**❺

刚次：因为……

这种对话的好处在于能够进行适合孩子水平的交流。刚次妈妈通过重复孩子说过的话，表现出对孩子的提问感兴趣或跟孩子有同感（❶~❸），这样做的效果是孩子非常喜欢正在进行的对话。

妈妈对子女来说是行使绝对权利的强有力的人。设想一下，谁不喜欢被强者认可呢？这就是利用好奇心来帮助孩子进步的秘诀。另外，这种对话还可以给孩子创造思考和想象的机会（❹❺），以后与孩子的对话内容将会更加丰富多彩。请别忘记，**孩子的提问是拓宽思考范围的原动力。**

引导式对话的要点

好奇心强的孩子对一些大人认为理所当然的事情也问个没完，妈妈即使有些不耐烦也要重复孩子说过的话，引导孩子想出与自己的提问相对应的答案，这样做可以提高孩子的思考能力。

9 把大问题分解成小问题来解决

“屋子乱成这样了，还不收拾？”

人人都想避开自认为做不好的事情，缺乏人生经验的孩子更是如此。但现实生活中却无法避开你所不喜欢的事情。那么，当孩子说“我做不到”时，父母该怎么办？把孩子认为“做不到的”改变为“做到的”是妈妈的能力。孩子的竞争力是在这个过程中培养出来的。

美智留是小学四年级的孩子，她不太会整理房间。刚好这天是休息日，妈妈看见美智留在乱得一团糟的房间里看书，十分生气，让她收拾房间，可是美智留反而顶撞妈妈。这时候我们该怎么办？

不利于孩子成长的**随意性对话**

妈妈：美智留！你这房间都成什么样了？能不能收拾一下？我都说过多少遍了？❶

美智留：知道了，我收拾还不行吗？

妈妈：你一直说收拾，可到现在还没收拾呢，今晚吃饭之前一定要收拾好！❷你看看哥哥的房间，他那么忙，房间还是整整齐齐的。你怎么就不利索呢？❸都是因为懒。❹

美智留：不是，我是没有时间收拾。

妈妈：又找借口！❺要是你自己不收拾，妈妈就随便收拾了。

美智留：不行，妈妈收拾的话，我就不知道东西都放哪儿了。

妈妈：所以，你最好是现在就收拾。如果今天收拾不好，妈妈就随便收拾。❻

美智留：那不行。

你有没有强迫过孩子整理房间（❶❷）？强迫了她就能整理房间吗？即使这次收拾了，过一会儿肯定又把房间弄得乱七八糟。上述对话中，妈妈断定美智留是因为懒所以不整理房间（❹），尤其是像❸那样跟别人比较，容易引起孩子的自卑感或反抗心理。妈妈不应该强迫孩子做她不喜欢的事情（❺❻）。那么，妈妈对这样的孩子说“试试看”会怎么样？

有利于孩子成长的**引导式对话**

妈妈：美智留，在看书呢？哎呀呀，这房间不是一般的乱啊。❶

美智留：嗯，我一会儿就收拾。

妈妈：你是不是不愿意整理房间？❷

美智留：也不是，我不知道从哪儿开始收拾好。

妈妈：（笑着）不知道从哪儿开始收拾呀。❸

妈妈：说得也是，要是全都收拾好可要费时间了。❹是不是想一下子都收拾好？你一天能拿出多长时间收拾房间？就一点时间也行。❺

美智留：十分钟？

妈妈：十分钟……从哪儿开始好呢？❻

美智留：桌面。

妈妈：桌面啊！该怎么收拾呢？❼

美智留：书摆到书架上，废纸扔掉。

妈妈：那么，明天的十分钟里整理什么？❽

美智留：整理抽屉吧。

妈妈：行，很好。抽屉该怎么整理呀？❾

美智留：把混在一起的铅笔和本子分类。

妈妈：怎么分好？❿

美智留：嗯……

像上述对话那样，妈妈不要不管三七二十一就责骂孩子，而是以轻松的语气跟孩子说话比较好（❶）。不要把孩子说的话都当成辩白，而要表示同感（❷~❹）。

另外，像上述对话那样，提出“短时间内能做到的”的点子也不错（❺）。原来认为，房间太乱，整理需要很长时间而想都不敢想的孩子一想到每天收拾一点就可以，马上就能放下心理负担。在这里，妈妈向孩子提出什么问题，怎么收拾是重点（❻~❿）。

人往往都不敢想去解决大问题或去实现很高的目标，几百千克的大块肉无法一口吃掉，可是分成很多小块，就可以慢慢地吃完。同样，一下子

难以解决的大问题也可以分成小问题来解决，也可以从孩子认为能解决的部分开始解决。这一思考方式肯定对孩子的人生有所帮助。

引导式对话的要点

缺乏人生经验的孩子一碰到自己以前没有经历过的大问题就不知所措，这时候像“桌面怎么整理”、“抽屉怎么整理”一样，一项一项地提出具体问题，孩子就不会觉得事情太难了。

引导式对话中提问的基本技巧

提问的技巧

提问有很多作用。比如，引出对方的想法，确认自己的意见对不对，征得对方的同意，询问对方的意见等。我们通过各种方式的提问得出自己想要的答案。但总的来说，提问可以分成两种。例如，孩子要去野游，妈妈会提出如下问题：

“有没有带纸和毛巾？”

“有没有什么落下的？”

这两种问法有什么不同吗？前一种问法不需要孩子多想马上就能回答，后一个却需要想一想，而且不能简单地用“有”或“没有”来回答。

那么，你是怎么向孩子提问的？好好想一想，从昨天到今天你向孩子提过的所有问题吧。妈妈（两个孩子都上小学）在吃晚饭时向家人发出了如下提问：

- “洗手了吗？”
- “作业写完了吗？”
- “色拉上要不要撒点调味汁？”
- “米饭太多吗？”
- “想吃妈妈的这份吗？”
- “今天在学校里干什么了？”
- “（在学校里）听老师话了吗？”
- “不吃了？”
- “不好吃吗？”
- “该漱口了？”

这里除“今天在学校里干什么了”以外全都可以用“是”或“不是”来

回答。我把这些内容跟其他几位妈妈讲过，她们中大部分人表示也会说类似的话。也就是说，大部分妈妈在家里都提出可以用“是”或“不是”来回答的问题。

可是当我看到这些问题的内容时，头脑中浮现出妈妈一个人在饭桌上喋喋不休地说话，而其他人全都沉默的情景。回答上述提问的孩子肯定是抵不住妈妈的提问攻势而喘不过气来，其中还有几个提问更像是追究问题。现实生活中，孩子对上述提问确实只做了“是”或“不是”的回答，这样的提问根本无法知道孩子的真实想法。

5W1H 提问方法

根据当时的情况，向孩子发出思考后才能回答的具体提问对孩子很有帮助。比如，问孩子：“今天在学校里过得有趣吗？”孩子会回答说“嗯”。但是妈妈问：“什么时候有意思？”孩子会说“体育课”或“休息时间”等具体内容。然后还可以再问：“体育课为什么有意思？”这样就能引出孩子更加具体的回答了。

我们可以利用 5W1H（Who, When, Where, What, Why, How）提问方法。其中，下面的三个提问方法还可以让孩进行深度思考，提高孩子的创造力。

- 有关 What 的“什么，怎么样”？
- 有关 Why 的“为什么”？
- 有关 How 的“怎么，怎么做”？

不要让提问变成责问

有一次，我去朋友家玩，看见朋友对待四岁的儿子如同一个严厉的老师对待犯错误的学生一样。

◆ “有没有跟阿姨打招呼？”

◆ “整理玩具了吗？”

◆ “电视遥控器放哪儿了？
你不是刚才拿着玩的吗？”

◆ “洗手了吗？”

◆ “吃饼干之前该干什么？”

◆ “能不能好好说！”

这些提问在我听来就像责骂我一样，让人难堪。对妈妈的这些提问孩子却一声不吭，一动不动地坐着。看到孩子这样，我的朋友又说：“真不知道这孩子在想什么？”我对朋友说，她的提问方式仅限于单方面，而且听起来像是责骂。朋友却说：“我没打算骂孩子，我自己没感到说出来像骂孩子。”我对朋友说：“以后你别想着单方面地教孩子，要跟孩子一起想问题，然后再提问，要给孩子思考的机会。”请你一定不要忘记，像这种责骂式的提问根本无法让孩子进步。

让孩子拥有正面的思考方式

如果你的孩子能够以正面的思考方式对待每件事情，她将拥有幸福的人生。即使碰到困难，他也能在困难中看到希望，不会害怕受到挫折，坚强地生活下去。所以妈妈向孩子提出能够正面思考问题的提问也是一种教育方法。

我的一个朋友说，她每天晚上睡觉之前都会问两个孩子“今天有什么好事”或“今天有什么高兴事”那么两个孩子回顾一天的生活后回答“今天学校的咖喱饭非常好吃”或“今天语文课上老师表扬我了”等愉快的事情。她说，之所以向孩子们提出这样的问题是因为要培养孩子们发现幸福的能力。她说，最近孩子们也开始向她提问“妈妈今天有什么好事”等。所以睡觉之前的一段时间成了妈妈和孩子们分享幸福的宝贵时光，大家都非常喜欢。

体会孩子现在的心情

有位妈妈因为孩子不爱上学而十分苦恼，她认为，孩子只要有一次没上学，以后肯定更加不爱上学了。因此，她焦虑不安，她和先生跟孩子说“加油”之类的鼓励话，然后强迫孩子上学，可孩子就是不愿意上学。我向她提出了以下几个问题：

- “你想在孩子心目中成为什么样的人？”
- “孩子对父母有什么样的希望？”
- “你希望孩子将来走什么样的人生道路？”
- “如果你是孩子，听到‘加油’这句话就能加油吗？”

面对这些提问，这位妈妈终于认识到他们只是担心孩子的未来，而从来没有考虑过孩子的感受。回去以后她对孩子说：“以前妈妈没能理解你，真对不起。可是，妈妈总是站在你这边的，你什么时候想告诉妈妈不想上学的理由都可以。”结果，孩子哭着回答说：“不是我不愿意上学，我想上学，可是同学们在背后说我坏话，所以才不敢上学。”妈妈了解孩子的想法以后，就利用跟孩子一起学习、送他上学等方法扭转了这种状态。

肯定的方法

引导式教育中最基本的是“听”。“听”也需要技巧。养育孩子的父母们往往都经历过自己说得再对、孩子还是听不进去的情况，每当此时做父母的简直都要绝望了。但只要你换个角度，就能引导孩子自己解决问题。所以，你首先应该尊重孩子，倾听孩子说的话，那样你可能会惊奇地发现，原来你的孩子有自己独到的看法。

第3章

1 肯定孩子的存在
“你是哥哥，不能好好说吗？”

家里有两个以上的孩子时，我们都能发现大孩子经常欺负小孩子。这时候大部分妈妈都会责骂大孩子不懂事，但这样做容易让大孩子感到冤枉，特别是当大孩子是男孩的时候，我们容易把他当成大人看待。其实，大孩子也只是需要妈妈照顾的孩子而已。

明是两个孩子的妈妈，她觉得老大龙二不喜欢弟弟雅史，每当龙二夺走弟弟的玩具或打弟弟时她都骂龙二，但就是不管用。有一天，一开始兄弟俩玩得好好的，忽然龙二夺走了弟弟的玩具，为这事明狠狠地教训了龙二。但她仍然对这事耿耿于怀，特地向我请教解决方法。

不利于孩子成长的随意性对话 ✗

雅史：别玩我的玩具……

龙二：你已经玩了很长时间了！

雅史：还给我！（雅史要夺回自己的玩具）

龙二：不给！（推倒雅史）

雅史："哇"的一声哭起来。

妈妈：雅史，别哭。**龙二，你是哥哥，你就不能好好说要借吗？**❶

龙二：……（不满地转过去）

这种情况下妈妈理所当然会责骂大孩子，想改变大孩子（❶）。龙二看起来确实很任性，他可以好好跟弟弟要玩具，或等弟弟玩完以后再玩。但我们首先要弄清楚龙二为什么这么做。可能人人都有小时候欺负弟弟的记忆吧。那时候，妈妈好像特别喜欢弟弟而不喜欢自己，所以，虽然喜欢弟弟，但又嫉妒弟弟。因此，故意用抢夺玩具或不跟弟弟一起玩等行为来消化嫉妒心。如果对这样的孩子还说："你为什么不喜欢弟弟？"他就越反感，越喜欢跟弟弟作对。最好是进行如下的对话，靠近孩子的心灵。

有利于孩子成长的引导式对话 ✓

妈妈：**龙二，画画吗？**❶

龙二：嗯，我画消防车……

妈妈：**哇！画得真漂亮。**❷

龙二：……（有点不好意思）

妈妈：昨天跟雅史打架以后妈妈骂了你，是不是很伤心？

龙二：有点。

妈妈：妈妈也觉得对不起你。

龙二：我也不好。

妈妈：你知道吗？妈妈为照顾雅史，没来得及照顾你。你能自己吃饭、穿衣服对妈妈来说也是很大的帮助。谢谢你，龙二。❸

龙二：没关系，我是哥哥嘛！

妈妈：每次你们打架妈妈总帮弟弟，你是不是不高兴？对不起。❹

龙二：没事，我以后好好带雅史玩了。

妈妈：龙二长大了，过来，妈妈抱抱。（亲切地抱孩子）❺

龙二：……（不好意思地依着妈妈）

这种情况下就像上述对话那样与孩子单独交谈比较好。这样可以表现出妈妈对孩子的关心（❶❷），还可以利用这个时间表扬孩子平时的好表现（❸❹）。老大往往因为他是老大而挨骂的情况比较多，如果妈妈多一点关爱，孩子肯定会高兴的。特别是像❺那样的亲密动作是必不可少的，只有这样孩子才能全身心地感受到妈妈的爱。

其实，**孩子的“不好的行为”是想让妈妈多一点关心，特别是语言表达能力不好的孩子会以“淘气”来让妈妈多为他操心。**所以，孩子做出了一些“不好的行为”不要就此断定他是“坏孩子”，而要以爱来包容他。

引导式对话的要点

别以为大孩子欺负小孩子就认为他是“坏孩子”，妈妈应该以爱来包容孩子，因为这种行为是大孩子想让妈妈多关心自己的信号。这时，请你跟孩子说：“你一个人就能对付这些问题，对妈妈来说有很大帮助。”那么，孩子就会觉得妈妈信任他而感到放心。

2 告诉孩子“你是唯一”
“妈妈为什么只喜欢弟弟?”

孩子们经常会问:“妈妈,我们两个当中你更喜欢谁?”这时你是怎么回答的?大概妈妈会说:“你们对我来说都是宝贝。”但孩子更希望自己对妈妈来说是很特别的,所以孩子会不满足于妈妈的“一样喜欢”的回答。对这样的回答,孩子难免会感到委屈。如果你是一位好妈妈,就不能对孩子的这种心情视而不见。那么我们该如何解决这种问题呢?

这是一位妈妈讲给我的故事。她有一个上小学的女儿和一个上幼儿园的儿子。有一天，她走进女儿津子的房间，没想到女儿追问妈妈为什么只喜欢弟弟启太而不喜欢她。妈妈做梦也没想到女儿会这样当面责备她，就骂了女儿一顿。其实，妈妈这样做是不对的，它会给孩子造成心灵上的创伤。

不利于孩子成长的随意性对话

津子：妈妈，你是不是给启太零花钱了？

妈妈：没有啊。

津子：说谎！启太买了垫板和本子。不是妈妈给的钱那是谁给的？

妈妈：启太需要垫板和本子才给钱的。你不也一样吗？

津子：不一样，你把剩下的钱也给了他，启太用那钱买饼干吃了。可是你从来都不给我零花钱。（泪眼汪汪）

妈妈：**启太，你怎么把这些没用的话告诉姐姐呢？我不是让你不要说的吗？**❶

启太：对不起，姐姐，给你饼干吃。

津子：好了好了，妈妈只喜欢启太……上次去商店时也只带启太。为什么只喜欢启太？（哭起来了）

妈妈：哎呀，烦死了，为这点小事哭哭啼啼。**那天启太刚好在家，才带他去的。**❷为这点事哭个没完，值得吗？

孩子非常在意妈妈怎么分配关爱，对妈妈是不是只爱别的兄弟姐妹特别敏感。漫画《丸子九岁了》里面就有这样的故事：丸子妈妈把最后一块蛋糕偷偷地给弟弟，弟弟高兴得不得了。这充分反映了孩子们想得到妈妈特别关爱的心理。所以，一看到妈妈对自己和其他兄弟姐妹不一样就认为不公平。津子生气地哭是因为想到“妈妈只喜欢弟弟而不喜欢我”。但上述对话中妈妈根本不理解孩子的心理，说的话更是火上浇油（❶），还找出理由搪塞孩子(❷)。**妈妈应该以关怀的语言消除孩子心里刚刚萌发的“妈妈不喜欢我”的想法。**

有利于孩子成长的**引导式对话**

（有了上面的对话以后，妈妈接着跟津子说。）

妈妈：对不起，刚才你是不是认为妈妈只喜欢弟弟而不喜欢你，很伤心是吗？❶

津子：我知道你更喜欢弟弟，不用说了。

妈妈：当然不是。❷那次是因为买了垫板和本子后刚好有了零钱才给他的。如果你为这事不高兴，真对不起。❸

津子：不只是这些。你还偷偷带弟弟去逛商店了。还跟弟弟说，不要告诉我。为什么只喜欢弟弟？（又开始哭了）

妈妈：让你伤心了，对不起。❹那天刚好要出去时发现他的鞋太旧了，所以才带他去的。要是你也在，肯定带你一起去。后来想，你知道这事会不高兴的，所以才不让弟弟告诉你。❺

津子：也不跟我说就偷偷去了，太过分了。

妈妈：对不起。是不是因为妈妈不告诉你才更伤心？以后什么都跟你讲，行吗？❻妈妈告诉你，我对你俩一样喜欢，你认为妈妈只爱弟弟，妈妈太伤心了。❼

津子：真的不是只喜欢启太？

妈妈：当然，妈妈这么爱津子，来，妈妈抱抱。（亲昵地抱孩子）❽

如果孩子对妈妈的某些做法感到不满，就像上述对话那样明确地告诉孩子妈妈这么做的原因（❷❺）。另外，根据孩子的心情，向孩子道歉也相当有效（❶❸❹❻）。最重要的是就如同“一样喜欢”这句话（❼），用语言和行动表达你对他的爱（❽）。那么，原先认为不被妈妈喜欢而不安的孩子就能全身心地感觉到妈妈的爱而放心。

每个人都想拥有特别的爱。有一次，我看了一个访谈有很多子女的妈妈的节目。在节目里这位妈妈说，她对孩子们的“喜欢谁”的提问总是回答：“全世界所有小学三年级孩子当中我最喜欢的就是你。”那么，兄弟姐妹都不用打架也能成为“最特别的人”。他们家还有一个习惯是每个月爸爸、妈妈都要带其中的一个孩子单独到外面去吃饭。也就是说，这天是那个孩子独占爸爸、妈妈的“特别日”，那个孩子就能享受成为“特别的人”的幸福。

引导式对话的要点

不仅仅是孩子，就连大人也想成为特别的人。孩子们当然不想跟兄弟姐妹分享妈妈的爱，希望父母把所有的爱都给他一个人。如果孩子问你最喜欢谁，请你马上发出“我最喜欢的人是你”的信息。

3 关注孩子的每一个变化

“有什么不一样吗？”

孩子每天都在变化。对孩子来说每一个细微的变化都是了不起的，所以更加希望妈妈能明白自己的每一个进步。请你想一想，你感觉到孩子最近一个月内的进步了吗？平常你有没有仔细观察过孩子的每一个细微变化？下面我们看一下妈妈察觉不到孩子的变化，会有什么结果。

香织是小学一年级的学生，有一天放学回家后她跟妈妈说了一些话，但妈妈因为忙着做晚饭没理她，结果，孩子气鼓鼓地回到自己的房间。为什么呢？

不利于孩子成长的**随意性对话**

妈妈：（看都不看香织，边做菜边说）❶ 快点过来吧，我做了点心，快洗完手来吃吧。

香织：妈妈，你看，我有什么变化？

妈妈：不知道。有什么不一样吗？

香织：你好好看看。

妈妈：有什么不一样吗？看不出来，你告诉我吧。（继续做菜）❷

香织：哎呀，你好好看看！

妈妈：你这孩子，没看见妈妈正忙吗？等下再说吧。❸

香织：好了，好了，不跟你说了。（生气地回自己房间）

正在忙碌时孩子跟你说话，你有没有连看都不看一眼就敷衍过去的？上述对话中妈妈就是看也不看香织说话的（❶❷），而且为做好原来的事情，在对话过程中中断了话题（❸）。孩子那么希望妈妈能看出来自己的变化，可妈妈的此种表现只能让孩子觉得自己不被重视。

有利于孩子成长的**引导式对话**

妈妈：（放下手头的活，转身对香织说话）❶ 过来吧，吃点心啦。

香织：妈妈，你看，我有什么变化？

妈妈：是呀，有什么变化呢？（仔细打量孩子）❷

香织：好好看看！

妈妈：什么地方有变化呢？啊！我发现了，头发跟早上不一样！❸

香织：对呀，朋友给我扎的。

妈妈：是吗？嗯，很适合你。头发长了不少了。❹

香织：（高兴地）妈妈，我漂亮吗？

妈妈：嗯，真漂亮。

香织：明天开始我就这么扎头发。

首先，你需要仔细观察孩子（❶）。一旦发现有所变化，即使是很细小的，也要告诉孩子，你发现了她的变化（❷～❹）。妈妈这样的一句话可以给孩子带来很大的动力和满足感。

引导式对话的要点

孩子们是希望妈妈能看出自己的变化的，即使那个变化很细微。所以，需要妈妈平常仔细观察孩子，一旦发现变化马上告诉孩子。那么，孩子会认为妈妈总是关心自己、爱护自己而感到心满意足。

4 肯定孩子的努力结果
“要是稍微多注意点就好了”

每个父母都很重视孩子的学习成绩。孩子也知道父母的期待，所以，孩子在自己不擅长的科目上取得好成绩后首先想到的就是父母。但如果父母的反应与孩子想象的完全不同，孩子会有什么感觉呢？你有没有对刚刚取得好成绩的孩子说：“再认真点，是不是可以学得更好？”

美铃是小学六年级的孩子。最近，妈妈和美铃经常闹得不愉快。数学是美铃最薄弱的科目，但这次却取得了不错的成绩。妈妈为鼓励孩子说了几句好话，没想到孩子根本不领情。

不利于孩子成长的随意性对话 ×

美铃：妈妈，你看这个……

妈妈：上次的考试成绩出来了？**80 分，不错呀。❶**

美铃：……

妈妈：**不错，平均分是多少？❷**

美铃：85 分左右。

妈妈：**是吗，这么说平均分也很高。❸**

美铃：这跟平均分没什么关系，反正是我努力的。

妈妈：对对，我们美铃真不简单。

美铃：是吧，要是没有失误，我还可能得 90 分呢。

妈妈：是吗？哎呀，真可惜。稍微再注意点就好了。**以后考试时一定要好好检查，行吗？❹**

美铃：我知道，好了。

在这里美铃妈妈犯的最大错误就是对孩子成绩的评价只限于分数，并没有肯定孩子努力学习的本身（❶~❸）。**孩子想得到的表扬当然不是 80 分，而是妈妈对自己努力学习的肯定。**另外，妈妈为鼓励孩子以后取得更好的成绩，竟然不看眼前的好成绩，而是指出孩子没做好的部分（❹）。这样的对话会让孩子觉得：现在的我根本得不到妈妈的肯定。

那么，我们来看一看怎样才能让这次进步成为孩子取得更大进步的原动力呢。

有利于孩子成长的引导式对话

美铃：妈妈，你看这个……

妈妈：上次的考试成绩出来了？**哇！80分，美铃你真了不起。❶**

美铃：……

妈妈：（看着美铃的脸）**高兴吧！❷**

美铃：嗯，这次我努力了一点。

妈妈：**只是努力了一点？❸**

美铃：嗯。

妈妈：那更了不得，告诉我，你是怎么学习的。

美铃：也没什么特别的。我只是每天多复习了一点。

妈妈：**是吗？每天都复习了。也就是说，你每天都坚持做考试准备了，是吗？❹**

美铃：复习以后心里就踏实多了。

妈妈：**是吗？你知道吗？你取得了好成绩妈妈当然很高兴，可是更让我高兴的是你能这么努力学习。❺**

美铃：要是没有失误可以得90分的，有点可惜。

妈妈：真的？

美铃：嗯。就是小小的失误……

妈妈：但妈妈还是觉得美铃已经努力了，我为你自豪。

美铃：啊，没什么。

当孩子取得了好成绩时，妈妈为孩子的进步而高兴，孩子的喜悦当然会倍增（❶~❸）。但还要帮孩子回顾是什么样的努力使得孩子取得了现在的好成绩，并肯定孩子努力的过程（❹❺），从此孩子就会明白要取得好成绩每天都要付出努力的道理。请你一定要记住：肯定孩子的好成绩，才能创造出有利于孩子成长的“原动力”。还有，肯定孩子的成绩时，一定要真心说出“这部分好”、“真高兴”等，不要说“××不错，所以你要好好听妈妈说的话”之类的话。

引导式对话的要点

如果当孩子通过努力取得了好成绩时，妈妈还一味地要求孩子更加努力的话，孩子就会认为，以自己现在的状态无论如何也得不到妈妈的肯定，孩子会因此而泄气。所以，当孩子取得了好成绩时，首先要为孩子的进步而高兴，然后再帮助孩子回顾是经什么样的过程才取得了这样的成绩。那么，孩子会认为，以后肯定能取得更好的成绩。

5 及时肯定孩子
“在家也能这样做该多好！”

孩子们天天都在进步。家庭、幼儿园、学校都是孩子成长的舞台，孩子们会在不知不觉中学会父母原先以为不会做的事情。如果你从别人那里听到以前没发现的孩子的优点或进步，会有什么样的反应呢？

拓哉刚满四岁，可是拓哉妈妈越来越觉得自己不了解孩子。有一天，她去幼儿园接孩子，老师向拓哉妈妈表扬了孩子，可是拓哉妈妈在家里从来没发现拓哉有老师所讲的优点。

不利于孩子成长的**随意性对话**

老师：拓哉妈妈，拓哉真聪明。

妈妈：是吗？

老师：拓哉今天整理了卫生间的拖鞋，还鼓励其他孩子跟他一起做。

妈妈：啊？是吗？可是，在家里，我让他整理鞋他不听啊。❶

老师：可是在幼儿园里整理得非常好，给老师帮了大忙……

拓哉：（害羞）……

老师：同学们也喜欢他。

妈妈：是吗？

老师：拓哉表现可好了，还带头做一些重活。

拓哉：（很高兴，也很害羞）……

妈妈：（看着拓哉）在家里也那样表现就好了！平常只会撒娇，也不听话。❷

拓哉：……

即使知道了肯定的重要性，但在生活中实践起来却并不容易。拓哉妈妈听到老师的表扬后既惊讶又惭愧，不仅没能肯定孩子的进步（❶），而且还开玩笑似的强调了孩子的缺点（❷）。其实，拓哉早就期待妈妈的表扬了，而妈妈这种做法会给孩子的心灵造成创伤。

有利于孩子成长的**引导式对话**

老师：拓哉妈妈，拓哉真聪明。

妈妈：（不好意思地）谢谢。

老师：拓哉今天整理了卫生间的拖鞋，还鼓励其他大孩子们跟他一起做。

妈妈：（惊讶地）啊？是吗？

老师：是呀，拓哉这孩子真不错！

妈妈：（向拓哉转身，抱住他）❶拓哉，你整理拖鞋了？真好。❷

拓哉：啊，没什么……

老师：帮了老师很大忙哦……

妈妈：真高兴拓哉在幼儿园表现这么好，拓哉爸爸听了也会很高兴的。以前总觉得孩子还小，现在看来，拓哉长大了。

老师：是呀，拓哉长大了。

拓哉：（很不好意思，但也很高兴）……

（老师也抚摸孩子的头。）

上述引导式对话中有两个要点。第一，老师一表扬孩子，妈妈马上就肯定孩子的进步（❷）。从妈妈的肯定中孩子会感受到自己的行为给周围人带来的愉快。在这里给予肯定的时机非常重要，如果过一段时间再给予肯定，其效果可能就要减半了；第二，拥抱孩子（❶）。与大人相比，孩子们更容易接受表情或态度中传达出来的信息，妈妈用肢体语言表达出的高兴会成为强烈的刺激传递给孩子。在家不爱整理鞋的孩子，可能会以此为契机有所改变。

孩子们通过每一件小事一点一点地进步。如果妈妈能把这些小小的进步告诉孩子，他会很自豪。**发现孩子的每一点进步并予以及时肯定的妈妈才能让孩子取得更大的进步。**

引导式对话的要点

当孩子进步时，一定不要错过给予肯定的最佳时机，马上表扬他。拥抱比语言更有效。

6 用不同的方式肯定孩子

“妈妈都表扬了，你还这样？”

你有没有遇到过表扬了孩子，而他却一点都不动心的情况？妈妈们用与过去一样的说法、一样的方式表扬孩子，而孩子会认为这是妈妈例行的表扬。另外，并不是所有的孩子都对“你真厉害”之类的表扬感到高兴。那么，给孩子传达妈妈对他的肯定有什么诀窍呢？

上小学五年级的准人和四年级的美啸期末考试成绩都不错，妈妈表扬了两个孩子。哥哥对妈妈的表扬没什么异议，可妹妹却表示不满。美啸为什么会不满呢？

不利于孩子成长的随意性对话

妈妈：**准人，真厉害，特别是数学成绩提高了不少！❶**

准人：嗯，上学期是“良”，这学期得了“优”！

妈妈：真不错。

准人：嘿嘿！

妈妈：**哇！美啸，真厉害。❷**

美啸：没什么厉害的。

妈妈：怎么了？语文和英语成绩都有提高了，这不正说明你认真学习了吗？

美啸：妈妈怎么知道我认真学习了？

妈妈：**美啸，怎么了？成绩提高了不是很好吗？怎么不高兴呢？妈妈都表扬你了，你这么说话妈妈心里会难过的。❸**

上述对话中哥哥听到妈妈的表扬后非常高兴，可妹妹听到表扬后却不像哥哥那样表现得很高兴，妈妈就批评了她两句（❶~❸）。那么，美啸不是“听话”的孩子吗？

每个人都有个性或自己喜欢的方式。老师和父母喜欢用“厉害”或“不错”等语言来表扬成绩提高了的孩子，但有的孩子不太喜欢这样的表扬方式。因为成绩虽然提高了，但可能并没达到孩子的期望值。不管是什么事情，只要没达到自己的期望值，别人再怎么夸也不会高兴的。这种时候妈妈应该换种方式肯定孩子的成绩才是上策。

有利于孩子成长的引导式对话

妈妈：**准人，数学成绩提高了不少！❶**

准人：(高兴的）嗯，上学期是“优下”，这学期得了“优上”！

妈妈：真不错。

准人：嘿嘿！

妈妈：**美啸，语文和英语成绩提高了。语文成绩提高了10分。❷**

美啸：嗯，是提高了……

妈妈：**怎么了，美啸？好像不太高兴？❸**

美啸：这次，数学成绩没提高，我在数学上下了很大工夫的。

妈妈：**啊，数学下了很大工夫，可是没考出好成绩，是吗？❹**

美啸：其实，语文和英语我都没怎么下工夫呢。

妈妈：**是吗？没下工夫也能提高成绩，真厉害。❺数学是每天都按时学习的，所以减少很多失误。不是吗❻**

美啸：嗯。

妈妈：那么，我们就等下回考试取得好成绩，行吗？

妈妈：**嗯，我一定要多下点工夫，提高成绩。❼**

妈妈：好吧，下次也像这次一样努力的话，数学成绩一定能提高，所以不要太担心了。

美啸：嗯，妈妈。

即便是亲兄妹，希望得到的肯定方式也不可能一模一样。所以，上述对话中“语文和英语成绩提高了。语文成绩都提高了10分”利用哪个科目提高了、为什么能提高成绩等具体的表达方式比较好（❶❷）。如果孩子不接受妈妈的肯定，要好好观察她的表情，理解她的心情（❸）。孩子在某件事情上付出了努力，但因为仍没得到好的结果而感到失望时，要理解她（❹），这样一来，虽然没得到好成绩，孩子还能感受到努力所带来的进步（❺❻）。这样，孩子不会因为没得到好成绩而心灰意冷，反而会向前看，继续努力（❼）。这样才能让孩子认识到自己以前付出的努力没有白费，可以展望未来。这些都可以给孩子赋予新的动力。

想激发孩子进步的欲望吗？想让孩子为进步而行动起来吗？关键是把握好孩子的心情，再根据孩子的心情说话。

引导式对话的要点

表扬孩子、肯定孩子时，如果每次都使用相同的方式，她会认为这是妈妈例行的表扬而已，所以不会很兴奋。因为每个孩子想得到肯定的要点不一样，应该具体地指出来，他做得怎么好，什么地方好，那样效果会更佳。

7 依赖孩子，培养责任心
“你已经四岁了，该自己走路了！”

父母们经常发牢骚似的说“我家孩子太娇气了，凡事都得操心”、“我家孩子总想依赖父母,真让人担心……”等。但是，作为父母，你有没有把孩子看成“无法独立的人”？有时候，给那些看上去需要照顾的孩子派上角色，他们反而能做到很多出乎我们意料的事情。

四岁的春记和两岁的佑稀是姐弟俩，他们的妈妈最担心的是姐姐春记总想跟弟弟一样向妈妈撒娇。妈妈觉得春记是老大，应该懂事才行，她为这事特意向我咨询过。下面的对话是春记一家人在外面散步时进行的。

不利于孩子成长的随意性对话

佑稀：（撒娇地）爸爸，抱我。

爸爸：累了？走不动了？

佑稀：走不动了！

爸爸：（抱着佑稀）好吧，爸爸抱你。

春记：（看着妈妈）妈妈，我也……

妈妈：春记！你跟佑稀不一样。你已经四岁了，应该自己走路。❶

春记：我也累。

妈妈：你耍赖呀？

春记：我不是耍赖。

妈妈：可是，妈妈看你是耍赖。

春记：真的走不动了。

妈妈：奇怪呀，上次幼儿园组织野游时你不走得比这还远吗？好了，加把劲。❷

春记：走不动了，抱我！

妈妈：（发脾气）春记！不要耍赖！❸

春记：不！

春记跟弟弟一样撒娇，是想确认一下爸爸、妈妈的爱，但妈妈不理解孩子的心理，说："你已经四岁了，应该自己走路。（❶~❸）"春记一看爸爸、妈妈根本不理会自己的情绪，就开始耍赖了。其实，这种时候**妈妈反过来依赖孩子也是好方法。**

有利于孩子成长的**引导式对话**

佑稀：（撒娇地）爸爸，抱我。

爸爸：累了？走不动了？

佑稀：走不动了！

爸爸：（抱着佑稀）好吧，爸爸抱你。

春记：（看着妈妈）妈妈，我也……

妈妈：（微笑着）**春记！你也知道妈妈走不好路是吧？你看，上台阶都很吃力。❶**

春记：……

妈妈：**妈妈这么累，你看怎么办呢？❷**

春记：妈妈也累？

妈妈：嗯。

春记：大人也会累吗？

妈妈：哎呀呀，快要摔倒了。你能帮帮忙吗？

春记：好吧。

春记：（看着妈妈）**妈妈，怎么样，还行吗？❸**

妈妈：**哎呀，谢谢，多亏春记帮忙，终于到了。❹**

春记：哎呀，没什么，不用谢。

如果妈妈表现得坚强，孩子会认为妈妈是强者，但偶尔也可以让孩子看见你软弱的一面（❶❷），这样她就不会把妈妈当成撒娇的对象，而是看成需要自己帮助的人。那么，孩子反而会坚强起来，照顾妈妈（❸）。不管是什么人，有责任感时他会奋发向上，大人也是一样。在妈妈看来，这样做有点不安全，但这种做法恰恰可以激发出孩子的能力，这是以前想都不敢想的。另外，孩子处理好了负责的事情，妈妈应该表示感谢才行（❹）。能够帮助别人是一件愉快的事情，它能培养孩子的自信心，对他的成长非常有利。

引导式对话的要点

偶尔让孩子看到你软弱的一面并依赖他，孩子就会认为自己有责任照顾妈妈，并变得坚强起来。

8 告诉孩子他很重要

“爸爸妈妈，你们为什么结婚？”

孩子们大都很好奇爸爸、妈妈是怎么认识的，自己是从哪里来的。当孩子问到这些内容时，你是不是觉得不好意思说出来，赶快用几句话搪塞过去了呢？是不是没能真实地告诉孩子，他是爸爸、妈妈爱的结晶，他的出生给大家带来了欢乐？

静香是一名小学生。有一天晚饭后，她在客厅翻着相册问：“爸爸妈妈，你们为什么结婚？”静香爸爸和妈妈乍一听真不知该怎样回答才好。下面我们看一看当天的情景。

不利于孩子成长的随意性对话

静香：爸爸妈妈，你们为什么结婚？

爸爸：嗯，为什么呢？忘了。❶

妈妈：是爸爸想跟妈妈结婚，总跟着我不放。没办法，就结婚了。

爸爸：对对。不过，爸爸跟谁结婚都无所谓的。❷

静香：撒谎！说真的，你们结婚的理由是什么？

爸爸：想不起来。就那么结婚了……❸

静香：真没意思。那么，小时候我是什么样子的？

妈妈：每天夜里不停地哭，实在没办法，妈妈也一起哭了。❹

爸爸：你小时候经常生病，把爸爸、妈妈都给累坏了。❺

静香：……

当孩子问到爸爸妈妈为什么结婚时，大部分父母可能无法马上回答出来（❶~❸）。你的孩子有没有问过这些问题，你有没有像上述对话那样搪塞过去？有没有跟孩子讲过养孩子的辛苦，却从来没提过孩子出生带来的欢乐（❹❺）？孩子想听父母和周边人说自己多么可爱，并以此来判断自己是不是被人爱着。所以，当孩子提出这样的问题时，不要因为害羞而错失良机。参考下面的对话可能对你有所帮助。

有利于孩子成长的引导式对话

静香：爸爸妈妈，你们为什么结婚？

爸爸：嗯，我们为什么结婚呢？你说呢？

妈妈：爸爸和妈妈在一个公司上班时相爱了，后来他向我求婚，我就答应了他。❶可是，讲这些多不好意思呀。

静香：是吗。爸爸喜欢妈妈的什么地方？

爸爸：那时候我觉得妈妈所有的地方都好。❷

妈妈：谢谢，妈妈那时候也觉得爸爸特别亲切。❸

爸爸：静香长得像妈妈。

静香：真的吗？那么，小时候我是什么样子的？

妈妈：眼睛大大的，非常可爱。妈妈不知道多喜欢呢。❹

静香：我有没有让妈妈伤心的时候？

爸爸：你小时候经常生病，爸爸因为担心你都没法安心干活。

妈妈：只要是有关静香的事情，爸爸都非常紧张。

爸爸：真高兴我们静香能健康成长。❺

静香：……

如果你的孩子也问这样的问题，就可以像上述对话那样告诉他，你们两个人相爱的理由，再说出对方的优点（❶~❸）。还要告诉孩子，他是父母爱情的结晶，对父母来说非常重要（❹❺）。通过这种对话，父母可以向孩子表达出“你对我们非常重要”的想法。

表达这种想法有很多方法：“因为有了你，妈妈才能坚强起来”，“一大早就能听到你响亮的声音，妈妈就觉得有劲了”，“你的出生给我们带来了欢乐”等。这样，孩子可能会觉得不好意思，但同时认识到自己对于身边的人多么重要，因此会更加珍惜自己和身边人的关系。

引导式对话的要点

如果你的孩子想知道自己是怎样来到这个世界的，请你告诉他你们是怎么相爱的，怎么生下他的，他对大家多么重要。那么孩子从此会更加珍惜自己，进而感谢身边的人。

9 信任孩子
“在学校发生了什么事？”

孩子从学校回来以后一脸的不高兴，妈妈当然会很着急，东猜西猜。“是不是被同学欺负了？”“是不是跟好朋友打架了？”“被老师批评了吗？”妈妈当然想追问孩子到底为什么不高兴，但又怕让孩子更加不高兴。这时我们该怎么办？

麻衣从学校回来后一动不动地坐在桌子前，麻衣的妈妈十分担心，就问孩子怎么回事，可是不管怎么问麻衣也不回答。那么麻衣到底有什么烦恼呢？

不利于孩子成长的随意性对话

妈妈：麻衣，怎么这么没精打采的？有事吗？

麻衣：没事。

妈妈：不像是没事的样子。怎么了？为什么不说？

麻衣：（叹气）真的没事，你不要担心。

妈妈：怎么了？在学校发生什么事了？

麻衣：……

妈妈：怎么了？跟朋友打架了？

麻衣：烦死了，能不能让我安静点？

妈妈：**看看你的样子我能不问吗？你别那样，快告诉妈妈。** ❶

麻衣：哎呀，妈妈，你让我更烦。

孩子们逐渐长大了，有些事情不愿意跟父母说，可能是觉得不好意思，也可能是不想让父母为他担心，但也可能是因为还没整理好思绪，没有做好向妈妈倾吐的心理准备。这时候不要过分着急，非要让孩子说出来不可，这样做反而适得其反（❶）。怎样才能引导孩子不钻牛角尖呢？

有利于孩子成长的引导式对话

妈妈：麻衣，怎么这么没精打采的？有事吗？

麻衣：没事。

妈妈：**不像是没事的样子。看起来没精神，妈妈有点担心。** ❶

麻衣：真的没事，你不要担心。

妈妈：是吗？知道了，要是你想跟妈妈说，随时都可以。❷

麻衣：嗯。

妈妈：看你脸色这么不好，妈妈心里也不好受。希望没什么大事。

麻衣：没什么大事，妈妈不用担心。

妈妈：好吧，那么妈妈就放心了。

麻衣：以后我想说了，就会跟你说的。

妈妈：嗯，就那样吧。你随时都可以说。

麻衣：嗯。

如果孩子不愿意说，妈妈就暂时按压住好奇心，不要刨根究底，要信任孩子，并观察孩子，最好是跟孩子表明你很担心他（❶）。不仅要这么说话，还要在行动上表现出你随时都可以听他说话（❷）。这样做的原因是想让孩子必要时能够说出话来，一旦整理好了思绪，孩子肯定会跟妈妈说的。请你想一下，当你不愿意说话时，有人强迫你说话，你会高兴吗？当然会不耐烦。孩子也一样，所以不能强迫孩子说话。

引导式对话的要点

孩子不高兴，但又不愿意说话时，最好不要刨根究底，等孩子愿意说时再谈吧。但妈妈要让孩子明白，你随时都可以听他说话。

10 尊重孩子的梦想

“妈妈，她是不是很漂亮？”

你的孩子有没有疯狂地喜欢上青春偶像、明星、电视节目或游戏等？那么你怎么看待喜欢这些的孩子？是全力反对呢，还是漠不关心？回想一下自己的童年，你有没有把喜欢的明星照片贴满墙壁？有没有把喜欢的明星出演的所有电视节目和电影一部不落地都看过呢？那时候妈妈说什么也听不进去吧？回忆完了我们再看下面的情景。

春奈是小学六年级的学生，最近她喜欢上偶像明星，满脑子都是那位明星。春奈妈妈十分担心孩子，特意向我咨询。下面的对话是春奈家里天天都发生的情景，我们来看一下。

不利于孩子成长的随意性对话

春奈：哇！太漂亮了！妈妈，你看，她是不是很漂亮？

妈妈：（无聊的表情）有什么好看？❶

春奈：舞跳得好，歌也唱得好，多好听啊。

妈妈：（不满地）是吗？❷

春奈：像她那样又跳又唱很不容易的。

妈妈：知道了，你把声音调小点。❸

（一会儿，春奈换频道了。正播出商界成功人士访谈节目。）

春奈：好厉害！你看那豪宅！我也想多挣钱，生活在那样的房子里。

妈妈：我可不喜欢那么大的房子，没有安全感。❹

春奈：唉，跟妈妈说话真没劲。❺

孩子专门喜欢在妈妈看来没什么了不起的事物，妈妈当然会觉得太不像话，难免说她两句（❶~❹）。但妈妈的这种做法等于告诉孩子她的想法很稀松平常，本来很兴奋的孩子经妈妈这么一说，好心情都没了，哪儿还能继续说下去？

当孩子知道别人也喜欢自己所喜欢的，自然会很高兴，而且还觉得那个人跟自己很亲近。相反，要是对方反感自己所喜欢的，不但心情变得糟糕以外，还会对那个人产生反感，不愿意再跟他说心里话（❺）。如果你希望孩子将来拥有积极乐观的人生，就给他营造能自由地发表想法的空间。下面的对话应该是比较好的。

有利于孩子成长的**引导式对话**

春奈：哇！太漂亮了！妈妈，你看，她是不是很漂亮？

妈妈：**你喜欢这样的人？喜欢她什么地方？**❶

春奈：舞跳得好，歌也唱得好，多好听啊。

妈妈：是吗？**唱歌的同时能那样跳舞确实是不容易呀。**❷

春奈：是吧，我听说，她平常练习时很刻苦。

妈妈：当然，要是没有刻苦练习，肯定不能跳得那么好。

春奈：对呀。

（一会儿，春奈换频道了。正播出商界成功人士访谈节目。）

春奈：好厉害！你看那豪宅！我也想多挣钱，生活在那样的房子里。

妈妈：**你喜欢大房子吗？**❸

春奈：其实，不用很大，但我想有个花园就好了。还有，窗户要大。

妈妈：**我很想看那样的房子。**❹

春奈：我长大了要盖那样的房子。

妈妈：好吧，妈妈也为你加油。

上述对话中妈妈与孩子进行了同等水平的对话，妈妈先不说自己的想法，而是饶有兴趣地听孩子说话，向孩子表示同感，然后用提出疑问的方法（❶❷❹），引导孩子说出梦想（❸）。孩子们希望爸爸、妈妈也喜欢自己所喜欢的，并希望父母能够理解她，为她加油。**懂得肯定正处于兴奋状态中的孩子，并能表示出同感的妈妈，才会对孩子实现梦想有所帮助。**

引导式对话的要点

如果孩子对某件事物特别感兴趣或特别喜欢，妈妈先不要用自己的价值观和标准来衡量，而是接受孩子现在的想法。那么孩子会认为妈妈能够理解自己。因此，孩子就可以更具体地引导出梦想，并会逐渐接近梦想。

引导式对话中肯定的基本技巧

“表扬”和“肯定”的区别

我跟家长们说：“应该肯定孩子。”他们就会问：“‘肯定’和‘表扬’有什么不同？”的确，“肯定”和“表扬”是有区别的。

表扬是在“有理由”的前提下肯定孩子。比如，对能够按照父母的指示做某件事情的孩子说“听话的好孩子”，或对得100分的孩子说“得100分了，考得不错”等。例如，“你能做到这一点，真不简单”等孩子能做到父母要求的某件事时的“肯定”属于表扬。

而“肯定”与“表扬”不同，它是无条件地肯定孩子的存在，就是告诉孩子“你很重要”。如果说按条件来肯定孩子的话，当他没能满足条件就不能给予肯定了。比如，当孩子考试得了90分时，妈妈说：“太了不起了，妈妈为你自豪。”而孩子没得到90分就不能这样表扬孩子了。那么，即使妈妈心里非常爱孩子，孩子却认为“得了90分以上妈妈才能表扬我、爱我”。如果孩子得到平均分以下的低分，就会悲哀地想到“我是得不到妈妈的爱了，我不行”。

有时候可能找不到表扬孩子的理由，但“肯定”不需要理由。“你能够生活在我们身边本身就让人高兴，你是妈妈唯一的宝贝。”类似的话肯定会给孩子带来幸福感，让孩子觉得生活非常美好。

骂孩子也不要否定他的存在

骂孩子也要有技巧。首先是妈妈要把握好自己的感情。(请参照第四章“引导式对话中打动孩子的基本技巧”)

然后要听一听孩子为什么做那些事情，并接受这些。这并不表示“孩子做得好”，而是肯定孩子的想法。也就是说，妈妈要在意孩子的心情。责骂时也只能针对不好的行为，不要说“你是坏孩子”、“你不是妈妈的儿子”、“你太差劲了”等否定孩子的话。而“怎么会做这些事情？这不像你啊”这样的责骂只是把焦点对准了不好的行为。

其实责骂也是肯定的一部分。因为孩子对你非常重要，你希望他能进步，所以才责骂他。

当孩子认为你跟他站在同一立场时，即使你说了逆耳的话，他也能接受。其实，孩子能很敏感地分辨出你是因为控制不住自己的感情才骂他，还是因为真正爱他才骂他。

责骂以后的后续行为也很重要。如果妈妈觉得孩子已经反省了，不再追究，他就会认为，只要口头上求饶，妈妈肯定会饶恕自己。所以应该让孩子自己考虑以后该怎么做，并督促他实行。这样做孩子才能知道，反省以后还要负起责任。

从打招呼开始

让孩子觉得你很重视他是非常重要的。做到这一点的最简单的方法是“你好”、“快点过来”、“晚安”等打招呼。

我以前公司里的两个上司属于两种不同的类型。其中一个人是碰面时经常说“早上好”、“拜托你了”等打招呼的话，而另一个人不怎么搭理人，别人跟他打招呼，他就用鼻子哼一声算是回应了。因为前者经常打招呼，觉得他关心我，所以自然对他有好感和信赖感。即使没做好事情，被这位上司骂了也觉得这是因为他关心我才骂的。而后者呢？越来越难跟他搭话了，一起工作时也没有心灵相通的感觉，因为自己的失误挨了他的骂，心里也不能接受。有些人不太重视打招呼，但这些看起来微不足道的行为却传递出“我把你放在心里了”的信息。

“肯定”是关心孩子

我上中学时，有个叫佐藤的坏孩子。他才 14 岁，就因为抽烟，牙齿都变黑了，还穿着改成奇形怪状的校服。我们班的同学都害怕他，不敢靠近他。但自从川尻老师来了后，情况就变了。

川尻老师利用不同的方式跟他说话，维持关系。即使佐藤很猖狂、很没礼貌，川尻老师也不在意地说：“是吗？”然后继续听他说话。学习不好的佐藤还经常旷课，但川尻老师每次都说：“老师等着你呢，快回来吧。”佐藤表面上说：“这老师真烦”，但心里却很高兴，所以川尻老师的课他一般都会听。

原来害怕佐藤的同学也渐渐开始跟他说话了，有时候佐藤成了教室里话题讨论的中心人物，谈笑风生。这是川尻老师用他的关心引导孩子的结果。

“肯定”是信任孩子

有很多人是因为形势所迫才做出成绩的。我在企业讲课时问他们什么时候热情最高，他们回答说是上司分派大的项目或听到“我认为你能胜任这项工作”时热情最高。我也是听到别人说“这事已经交给小紫了，她会看着办”时热情高涨。

当然，给还需要妈妈照顾的孩子派活有些不太让人放心。但经常跟孩子说“妈妈信任你，才让你干的”、“妈妈觉得你很重要”等，妈妈自己也会变得信任孩子了。

“肯定”是观察孩子

这是日本女演员黑柳彻子回忆自己的童年而写就的畅销书《窗边的小豆豆》的一个场面。

有一天，小豆豆不小心把自己心爱的钱包掉到室外厕所里了，小豆豆找来跟自己一样高的带把的瓢子开始舀厕所里的污物。刚好经过这里的校长看到了这个情形，问小豆豆：“你在干什么？”校长听了小豆豆的缘由后说了一句：“瓢子用完了放回原地。”然后就走了。

小豆豆虽然没找到自己心爱的钱包，但她已经尽力了，也没有遗憾了。如果当时校长说：“太危险，别找了。”结果会怎样？校长只是观察她，并让她继续找。其实这就是典型的“肯定”方法。

打动孩子的表达方法

这一章重点讲述了父母打动孩子的一贯、有效的表达方法。只有父母明智的判断和行动才能帮助孩子认识错误、改变错误。用好听的话哄孩子、打骂孩子或胁迫孩子都不能改变孩子。如果想打动孩子，就要像水渗透沙子一样自然地表达出你的想法。

第4章

1 向孩子表示你的谢意
“你怎么没收好晾干的衣服？”

当你正忙着做家务时孩子们只顾玩自己的，不管别人累不累，你当然会生气。一个人做家务确实很累，只要丈夫或孩子稍微帮一点忙就轻松多了。下面我们看一看用什么方法让孩子帮忙做点家务，然后又该怎么表示感谢。

真绫的妈妈既要工作又要照顾家里，非常忙，下班回家后常常是连喘气的时间都没有，就要接着干家务。因为太累了，所以她经常对孩子发火。这一天回家一看，上小学四年级的真绫在家玩电脑游戏，可是早上已经说好让她收拾衣服的。那么怎样才能让真绫帮妈妈做家务呢？

不利于孩子成长的**随意性对话** ×

妈妈：（看到屋外）天哪，你怎么还没收起晾干的衣服？我早上不是说过了吗！❶

真绫：对不起……

妈妈：我都说了好几次了，你怎么就不听呢？❷

（真绫看着妈妈收拾洗好的衣服。❸）

妈妈：你把那儿收拾收拾，我要放洗好的衣服了。

真绫：你不那么生气我也会收起来的。

妈妈：你要收早该在妈妈生气之前就收起来了。

真绫：我刚想收起来的，是妈妈抢着收了。

妈妈：妈妈没有时间，我真的很累。求求你了，你要是不想帮忙就别妨碍我。❹

（真绫不满地走出去。）

让孩子做家务虽说是帮忙，但这也是家庭成员该做的一部分，而且通过做家务可以让孩子学会关心别人。这些对孩子将来的社会生活也是非常有益的。

但上述对话中给孩子派活儿的妈妈是什么样的口气？什么样的表达方法？妈妈是在想“牺牲我一个人”，所以心情很不好，派活儿成了一种责骂（❶❷❹）。如果妈妈想利用发火或威胁的手段让孩子做家务，孩子根本没心思做妈妈分派的活儿。

而且妈妈虽然发过牢骚，还是自己做了原先分派给孩子的活儿（❸），那么孩子以后会认为，只要听几句牢骚，不干活儿也行，因为妈妈会做的。只有不发火、不责骂、坦诚地表达才能打动孩子。

有利于孩子成长的**引导式对话**

妈妈：（从外面走进来的妈妈看到屋外洗好的衣服还没收拾）天哪，还没收好衣服？

真绫：啊，差点忘了……

妈妈：**是不是玩游戏忘了收拾衣服了？已经干了的衣服晾久了也会潮湿的。**❶

真绫：妈妈，对不起。

妈妈：真的那么想吗？

真绫：真的，每次都让妈妈说一样的话。对不起。

妈妈：你能理解妈妈就好了，谢谢你。

真绫：那我现在就去收拾。

妈妈：**谢谢，那妈妈去准备晚饭了。**❷（过一会儿，妈妈跟收拾好衣服回房间的孩子说）**你能帮忙对我有很大的帮助，谢谢你。**❸

真绫：嗯，我以后做得更好一点。

上述引导式对话中，妈妈没有因为孩子事先没收好衣服而发火，妈妈只是表达出她能够理解孩子的状况。然后再告诉孩子，如果不按时收回衣服会潮湿的，然后不再说什么（❶）。这是等于说到这个程度以后，给孩子留下思考的余地，那么孩子会想在妈妈再次催促之前赶快完成任务。妈妈也不给孩子很仔细的指示，只是静静地观察孩子怎么做，当孩子做完以后再向她表示喜悦和感谢（❷❸）。这样孩子会觉得自己能够成为妈妈的依靠，以后就能主动干活儿了。这就是打动孩子的表达方法。

引导式对话的要点

让孩子做家务等于为她以后的社会生活做基础训练。当孩子没有按时完成妈妈分派的家务时，不要带着情绪责骂孩子，最好是只说“你还没做”？从此让孩子认识到自己还没做妈妈分派的家务，然后再给她留点余地。当孩子完成了妈妈分派的家务时，要向孩子表示感谢。这样孩子就会为自己能够帮助妈妈而感到兴奋，以后就能主动帮妈妈了。

2 责骂孩子的技巧
“你这样就没法早点睡，早上也起不来”

游戏、漫画、上网……现代社会有太多的诱惑让孩子们无法过正常的生活。教育孩子什么不该做，或当孩子犯错误时责骂孩子都是父母的责任和义务。大部分人都会有这样的经历：因为某一件事情，你跟孩子说了好几遍，但她就是不听，最后忍无可忍的你只好大声责骂孩子。但一定要记住，责骂孩子也有技巧。

明是小学五年级的学生，最近她沉溺于漫画，每天都要看好几个小时，作业也不写。明的妈妈担心这会打乱孩子的生活规律，已经说过好几次了，但她仍然没有改变。明的妈妈实在没办法，就向我咨询了这事。

不利于孩子成长的**随意性对话**

妈妈：（不悦地）我说过多少次了？还没换衣服？快写作业呀！❶

明：嗯，我这就换。

妈妈：最近都是睡觉前才写作业。你这样晚上不睡早上不起。❷

明：再看一会儿就看完了。

妈妈：说过多少次了。你怎么就不懂事呢？❸

明：妈妈真唠叨。

妈妈：是你没换衣服。妈妈也不愿意把同样的话说好几遍。

明：我换不就行了吗？

妈妈：我不说你会换吗？❹ 从学校里回来要先换衣服，然后写作业，一年级的孩子也能做得好好的……❺（忽然抢走漫画书）不行！赶紧换衣服，写作业！❻

明：（生气地走出房间）干什么？太过分了！

如果孩子过分沉溺于漫画，当然有必要责骂孩子，但妈妈不能单方面地责骂或用否定孩子的口气说话（❶～❺），这样做孩子只会更反感妈妈、更伤心。而且也不能像 ❻ 那样强迫孩子，这样做会导致孩子瞒着妈妈也要做自己喜欢的事情。人是自己想着“我得改变自己，我要改变自己”时才能改变自己。那么，我们来看一看什么是打动孩子的表达方法。

有利于孩子成长的**引导式对话**

妈妈：明，从学校回来以后已经看了 30 分钟漫画了。❶

明：对不起，再过一小会儿就能看完。

妈妈：（非常认真地，看着明说话）我知道漫画书很有意思，但这几天读得太多了，都没时间写作业了。❷ 你这样做会打乱生活规律的，妈妈很担心你，睡眠不足对身体不好。❸

明：知道了。

妈妈：这几天一直都是这样，妈妈很难过。❹ 怎么办才好呢？❺

明：规定看漫画书的时间吧。

妈妈：好啊，怎么规定？❻

明：一回家先换衣服，写作业，然后吃饭之前看漫画书。行吗？

妈妈：好吧。那就规定看到吃饭的时候。❼

明：嗯，就这样。

妈妈：这是你跟妈妈约定好的，一定要守信。你得自觉点。❽

明：嗯。

当孩子做不好的事时，妈妈可以告诉孩子她做了多久（❶）。而且还要对孩子的心情表示同感（❷），营造出孩子能够接受妈妈说话的氛围。尤其是“你这样做我感到着急”、“妈妈担心你”等表达心情的做法，即“I说法”（请参照“引导式对话中打动孩子的基本技巧”）更有效（❸❹）。

然后再向孩子提问解决的方法（❺），如果孩子想出了解决方法，妈妈用提问的方式确认并具体化其解决方法（❻）。然后再一次强调孩子刚才说过的话，让她能够遵守诺言（❼）。而且还要表示你信任她，引导出孩子的主动性或责任感（❽）。

引导式对话的要点

责骂时不想让孩子反感，可以使用“我”的说法来表达心情。这样做的好处是因为你没有表达出不满，可以打动孩子，让孩子回顾自己的行为，寻找解决方法。

3 不发火也能责骂孩子

“你对爸爸这是什么口气？”

女孩子长大了，渐渐地想跟爸爸保持一定距离。以前跟爸爸非常亲昵的孩子忽然生疏起来，爸爸可能会不知所措。但这不是孩子讨厌爸爸，而是忽然认识到爸爸是男的，不知该怎么对待才好。这也可以说是孩子成长的一个过程吧。那么，这时候我们该怎样对待孩子？不要因为孩子与爸爸生疏起来就表现出难过或严肃地责骂孩子，因为这样做孩子会更加不知所措的。

琳夏是小学五年级的学生。最近，琳夏爸爸觉得孩子有些变化，跟他不亲近，也不说话。前几天，爸爸在房间里休息时，孩子忽然跑进来了，然后发生了下面的事情。

不利于孩子成长的随意性对话

琳夏：（发火）爸爸，你不能这样！

爸爸：**怎么了？你喊什么？❶**

琳夏：这是我的梳子，爸爸是不是用过了？

爸爸：哦，是啊，用了……是你的吗？

琳夏：你别用了！脏死了……

爸爸：（生气地）**脏？你再说一遍？❷**

琳夏：这是我喜欢的梳子，现在没法用了。

爸爸：你什么意思？你觉得爸爸不干净？

琳夏：爸爸不要随便动我的东西。

爸爸：**你对爸爸这是什么口气？梳子和衣服还不是用爸爸的钱买的吗？你自己能做什么？没大没小！❸**

琳夏：你怎么这么说话？真讨厌！

当孩子反抗父母或做出不合情理的事情时，大部分人的应对方式有两种：一种是忍耐，说好听的话；另一种是跟孩子正面对抗。忍耐会使孩子的态度越来越恶劣，根本不在意别人的心情。父母应该告诉孩子这种行为是多么不好，还可以根据情形严厉责骂孩子。但像上面对话那样发火，无法表达出你的本意（❶~❸），想用父母的权威让孩子屈服只能让他更反感。

有利于孩子成长的引导式对话

琳夏：（发火）爸爸，你不能这样！

爸爸：怎么了？

琳夏：这是我的梳子，是不是爸爸用过了？

爸爸：哦，是啊，用了……是你的吗？

琳夏：你别用了！脏死了……

爸爸：（顿住一会儿）**脏？你觉得爸爸脏？❶ 你这么说我很难过。❷**

琳夏：我不喜欢爸爸的发胶粘到我的梳子上。

爸爸：是吗？对不起，我不该随便用你的东西。爸爸能不能跟你说一些事？

琳夏：什么事？

爸爸：**你刚才说我脏，我真的很难过。❸ 我希望你能尊重别人的感情。❹ 以后别说那样的话了？行吗？❺**

琳夏：知道了，对不起爸爸，不过，你也不要随便用我的梳子。

爸爸：爸爸也知道了。

当孩子出言不逊时不要立即发火，先抑制住自己的情绪，然后沉着地重说一遍孩子刚才说过的话，让孩子认识到自己刚才都说了什么（❶）。然后利用“I 说法”把你难过的心情表达出来（❷ ❸），这样做孩子可以切切实实地感受到自己刚才的做法不太好。这比直接说“你的态度不好”有效得多。不要一味地褒贬孩子，而是在父母的立场上告诉孩子，你希望他成为什么样的人（❹ ❺）。责骂孩子是希望他能够进步，所以父母需要冷静地思考和判断。不能抑制住自己的感情，随意说话和行动就无法表达出本意，而且责骂孩子也要表达出“你对我很重要”的意思。

引导式对话的要点

孩子跟大人说话不逊或做出一些出格的事时，父母肯定想发火，但一定要抑制住情绪，利用“I 说法”表达出你多么难过。这一表达方法比“你态度不好”更为有效。

4 让父母和孩子都幸福的沟通方法

“你们安静点好不好！”

你已经请求了孩子做某件事，可她就是装做没听见，只顾自己，你会怎么办？这时有必要回顾一下你是不是使用了强迫的语气？父母使用强迫的语气，原来打算按妈妈的指示去做的孩子也会产生逆反心理。其实在这个问题上大人也一样。那么，我们来看一看向孩子拜托事情的技巧。

有一天，妈妈由于身体不舒服，就在房间里休息。她有两个儿子，大儿子浩一上小学三年级，小儿子广司上小学一年级。两个孩子一起玩游戏，声音越来越大，妈妈就让他们安静点，可是一点用都没有，生气的妈妈大声喊了起来。那么，有没有比这更有效的办法？

不利于孩子成长的随意性对话

浩一：（看着游戏机画面）哇！太厉害了，你看！

广司：我也试试看！

妈妈：孩子们，声音太高了。

（稍微安静了一会儿，又开始吵闹起来。）

妈妈：（不耐烦地）孩子们，能不能安静点？❶

浩一：我们不是小声说话吗？

妈妈：妈妈身体不舒服，你们到别的地方去玩吧。❷

浩一：我们小声说话行吧。

妈妈：怎么不听妈妈的话，我不是让你们到别的地方玩吗？❸

浩一：知道了，我们去别的地方玩不就行了吗？

广司：妈妈太过分了！

你有没有经历过不管孩子正在做什么，只顾让他听话？特别是带着情绪说话，强迫孩子听你的（❶~❸）？这种单方面地强迫孩子的行为积累起来了，孩子们的不满也会积累起来的。这时，一定要拿出孩子们能够接受的理由来。

有利于孩子成长的引导式对话

浩一：（看着游戏机画面）哇！太厉害了，你看！

广司：我也试试看！

妈妈：孩子们，我知道你们玩得正起劲，但能不能听我说句话？❶

浩一：什么事？

妈妈：妈妈今天身体不舒服，很想休息，❷可是你们俩在那里大声说话我没法睡觉。❸

浩一和广司：（停下来）……

妈妈：你们是不是想玩游戏？怎么办才好？❹

广司：我们到别的房间玩。

浩一：妈妈在这里休息吧。

妈妈：谢谢。多亏你们，我能好好睡一觉了。❺

广司：妈妈好好休息吧。

即使你是妈妈，向孩子拜托事情时也要看孩子的心情（❶），然后详细告诉孩子你身体不舒服或其他等理由（❷）。也可以像上述对话那样告诉孩子，因为他们大声说话，导致妈妈无法睡觉（❸）。上述引导式对话的技巧是妈妈不意气用事，妈妈首先表示出理解孩子的心情，然后让他们自己想办法怎么做。这样做的好处是孩子们能够自己想出办法，自觉地行动。然后妈妈利用“I 说法”表达出感谢，这样做是为了让孩子感觉到妈妈是跟他们同等立场上对话，妈妈的意思是“我听你的，你也来听我的”（❹）。在这个过程中孩子学会自己和对方都能幸福的表达方法。另外，**当孩子听话以后，妈妈一定要表示感谢，这样做才能让孩子感到满意。**❺

引导式对话的要点

请求孩子做某件事情时，如果你使用强迫的语气，原来想按着妈妈的意思去做的孩子也会产生逆反心理，反而不愿意做了。这时候可以利用“你听我的，我也听你的”的方式，那么孩子会觉得妈妈和自己是在同等的立场上交流。孩子可以在这个过程中学会沟通的本质。

5 根据孩子的个性使用不同的表达方法
“你不愿意跟爷爷出去呀？”

你有没有把孩子跟别的兄弟姐妹或邻居家里的孩子比过？“老大很乖，老二却不怎么听话”、“她家孩子非常有礼貌，可我家孩子碰到邻居也不打招呼”等。就像大人有个性一样，孩子也有个性。不要以为，孩子是你的就可以随意管束他，培养好个性，孩子将有可能成长为栋梁之才。

星期天下午，爸爸和大儿子雄外出后，妈妈和三岁的小儿子刚待在家里。这时候，住在附近的爷爷来了。他想带刚出去玩，可刚不太愿意。刚的妈妈觉得孩子太内向了，就向我请教该怎么教育他。

不利于孩子成长的**随意性对话**

爷爷：（跟小刚说话）小刚，跟爷爷一起去玩吧。

小刚：（不安的表情）去很远的地方吗？❶

爷爷：也许吃晚饭之前才能回来，要不，跟爷爷一起在外面吃饭？

小刚：妈妈去不去？❷

爷爷：（难过的表情）你不想跟爷爷单独出去吗？我们走吧。❸

小刚：……

爷爷：（跟妈妈说）以前，跟雄说："一起去玩吧，去哪儿是秘密。"
他就能高高兴兴地跟着来，可是小刚还离不开妈妈。

妈妈：可能是孩子太小了。

即使是同胞兄弟姐妹在身体、情绪和智力等方面也有不同，所以不能用同样的标准和同样的方法来评价或教育孩子。参加研讨会时，有人事先不看程序单也无所谓的，但有些人事先不知道情况，会感到不安。上述例子中雄属于前者，而刚属于后者。刚要是不知道跟谁、去哪里就会感到不安的（❶❷）。可是爷爷没理解刚的心情，还一个劲地劝孩子一起去（❸）。如果你是懂得引导的妈妈，会怎么配合爷爷呢？

有利于孩子成长的**引导式对话**

（接着上面的对话，妈妈跟爷爷说话。）

妈妈：爸爸，这孩子不知道跟谁去、去哪里就会感到不安。❶

爷爷：啊，是吗？

（爷爷想了一下再跟刚说话。）

爷爷：小刚，我们先坐地铁，到 ×× 站。然后再换乘 ×× 线……那里有公园。❷

（小刚的表情变得明朗了。）

爷爷：在公园玩完以后再坐地铁回家，你看怎么样？❸

小刚：（高兴地）爷爷，我想去。

爷爷：好，走吧！

小刚：妈妈，把我的背包拿出来吧！

上述对话中爷爷从刚的妈妈那里听到“孩子不知道跟谁去、去哪里就会感到不安”以后（❶），就跟孩子具体说明去哪里，坐什么车（❷❸），听到爷爷的说明以后刚高兴地说要跟爷爷去。我们要好好想一想，孩子在什么情况下会感到不安，什么情况下会很听话，然后再根据孩子的个性和类型对待孩子。这样做就可以比较容易地引导出孩子的主动性和实践欲望。

有些孩子表现力很强，但有的孩子比较内敛，不爱表现自己；有些孩子喜欢引人注意，跟周围的人打成一片，但也有些孩子不愿与人打交道。其实，父母和孩子之间也有“命相”不对的，但这并不是说妈妈不爱孩子了，就像朋友之间也有意气相投的人一样。如果你是妈妈，就需要好好想一想平常是不是跟意气相投的孩子交流得比较多？你有没有这样认为，性格和思考方式跟自己接近的就是乖孩子？有没有特别严厉对待过跟自己脾气不对的孩子？**妈妈应该认可孩子的性格差异，用爱的眼光来看待每一个孩子。**

引导式对话的要点

即使亲兄弟姐妹也会性格不一样，跟妈妈沟通的方式也不一样，也可能会有跟父母“命相”不对的孩子。不要因为你的方式在孩子那里行不通就认为孩子不好，最好是尽快把握好孩子们固有的个性和性格差异。

6 让孩子拥有正面思维
“这个是不是不应该买？”

有些人性格开朗，喜欢正面思考，但也有些人负面倾向强，容易悲观。你无意中说出的话都能看出“思考方式”和“生活方式”，而孩子在很大程度上受妈妈的影响。那么孩子都会受到你怎样的影响呢？请不要忘记孩子时时刻刻都在看着你。

马琳是小学二年级的女孩，休息日逛街回来以后，高兴地跟妈妈说这说那。可妈妈认为自己没能好好跟孩子聊。那么到底是什么情况呢？我们来看一下。

不利于孩子成长的随意性对话

马琳：今天真有意思。

妈妈：可妈妈很累。❶

马琳：可是买了很多想要买的东西呀。

妈妈：但是也花了很多钱。❷

马琳：妈妈，那个连衣裙很适合你。

妈妈：其实，买不买都无所谓的……应该再去别的商店看看。❸

马琳：午饭吃得真好，我还想去那家面馆。

妈妈：是吗？可我觉得他们的服务态度不好。❹

马琳：是吗？

母女俩一起去逛街，但两个人的体验完全不同。上述对话中妈妈没能接受女儿的正面思考方式，说出了一大堆悲观的话。女儿看到妈妈反驳自己的每一句话，最后什么都说不出来了（❶~❹）。女儿事事都持正面的、积极的态度，而妈妈却对什么都持悲观态度。

事事都持悲观态度的人在人生的道路上容易受到挫折，而且这种思考方式对对方也会产生不良影响，何况是每天都待在一起的孩子。请你好好看下面的引导式对话，再好好想一想你是持积极肯定的人生态度呢，还是持悲观态度呢？

有利于孩子成长的引导式对话

马琳：今天真有意思。

妈妈：有意思吗？❶

马琳：今天买了很多东西，心满意足了。

妈妈：对呀，原先想买的东西都买好了。真是幸运。❷

马琳：妈妈，那个连衣裙很适合你。

妈妈：谢谢你，你说漂亮，我就毫不犹豫地买了。不管什么东西想买的时候就得买，要不然想再去买，也许早就卖光了。❸

马琳：对呀。还有，午饭吃得真好，我还想去那家面馆。

妈妈：是吗？你说好吃，我也高兴。我们以后再去吃吧。❹

马琳：嗯。

所有的事情都有两面。虽说看到不好的一面未必是坏事，但这样的思考方式容易让人丧失自信心和热情。请你从小事开始，说一说对你和周围的人都能鼓起干劲的话试试看吧。上述引导式对话中妈妈根据孩子的心情，高高兴兴地聊天（❶～❹），整个对话氛围很好。

沟通拥有感染力，这种强烈的感染力对孩子的口气和动作以及以后的生活方式都有影响。说话的方式变了，行动也会改变的。请你记住，这种变化可以改变你和孩子的人生。

引导式对话的要点

跟孩子最亲近的是妈妈，孩子当然会受妈妈的思考方式和生活方式的影响。如果妈妈事事都悲观，会影响孩子的自信心和热情，所以妈妈也需要持正面的、肯定的思考方式。

7 让孩子认识社会规范

“想要就可以随便拿吗？”

是猫不会变成狗。社会规范、立身处世方法、风度和常识以及生活态度等都需要从小学好。如果孩子偷偷从商场拿了东西，你该怎么办？妈妈心里肯定会很慌张。但孩子还没有形成坏的价值观，妈妈不用太着急，只要冷静地处理好就可以了。

沙纪是上幼儿园的学生，有一天妈妈带她去超市，回来后发现孩子手里拿着玩具。妈妈告诉孩子不能随便拿超市的东西，那怎么说最有效呢？

不利于孩子成长的**随意性对话**

妈妈：哎呀，你手里拿的是什么？

沙纪：别人给的。

妈妈：给的？谁给的？是不是你自己拿回来的？❶

沙纪：……

妈妈：沙纪，为什么随便拿东西？我跟你说过商店里的东西不能随便拿走。你怎么就不听话呢？❷

沙纪：我很想要这个玩具。

妈妈：想要就可以随便拿吗？我不是说不能随便拿东西吗？你想要就跟我说呀！❸ 让警察叔叔来抓你。❹

沙纪：（哭）不要。

妈妈：你去商店把东西还给人家，然后再跟他们道歉。

发现孩子偷偷拿东西回家，妈妈可能会严厉责骂孩子（❶~❸）。但妈妈追究起来，孩子会借口连篇，因为妈妈没说不能随便拿东西的理由，用惩罚来改变孩子的错误行为（❹）只会给孩子留下挨骂的记忆和恐惧。

有利于孩子成长的**引导式对话**

妈妈：哎呀，你手里拿的是什么？

沙纪：别人给的。

妈妈：给的？是商店里的人给的吗？❶（看着孩子的眼睛，一个字一个字地说）❷ 沙纪，你知道商店里的东西是不能随便拿的。

沙纪：嗯。

妈妈：可是你为什么一声不吭地拿来了？

沙纪：我很想要这个玩具……

妈妈：**如果别人偷偷拿走你特别喜欢的玩具，你会高兴吗？❸**

沙纪：不高兴。

妈妈：**是吧，商店老板也不高兴别人偷偷拿走玩具。这样的事绝对不能做。❹ 妈妈很伤心。❺**

沙纪：对不起。

妈妈：能不能向我保证再也不做这样的事情？

沙纪：嗯。

妈妈：**知道了。以后你想要玩具怎么办？❻**

沙纪：跟妈妈说。

妈妈：**对啦，你想要就跟妈妈说，然后妈妈再考虑买不买。❼**

沙纪：嗯。

妈妈：（很坚决地）**跟妈妈说好了。那么，现在跟妈妈一起去商店还回东西，然后再道歉。❽**

这时候更需要妈妈抑制情绪，顾及孩子的感受（❶❷）。妈妈让孩子明白她的行为意味着什么（❸），明确告诉她这样做是不行的（❹）。妈妈要明确地告诉孩子你的心情，引导孩子反省（❺），妈妈伤心的样子会给孩子带来很大的触动。另外，妈妈不要满足于孩子口头承认错误，要让孩子想想以后怎么做（❻），还要让孩子保证以后不再发生类似的事情（❼），再说一遍让孩子对自己的行为负责（❽）。这样孩子才能彻底认识到错误。

引导式对话的要点

当孩子做出不符合社会规范的行为时，追究“为什么这样做”她只会想着罗列各种借口，所以需要跟孩子说明她的行为为什么不对，意味着什么。只有这样做孩子才能够反省自己的行为。

8 告诉孩子承诺的重要性
“说好今天不买东西的！”

地点或状况改变的情况下，孩子有时候会忘记原先的约定，缠着妈妈满足她的要求，这是带孩子的人经常碰到的问题。这时候你是怎么应付的？在人多的场所孩子耍赖是不是毫无办法，只好答应她的要求？下面我们看一看在这种情况下该怎么做。

青青是小学一年级的女孩，每次逛街青青都跟妈妈要这个要那个。有一次，妈妈带她去逛街，之前已经约好不能随便买东西，可是一到卖布娃娃的地方，孩子又开始耍赖了，非要买布娃娃不可。

不利于孩子成长的随意性对话 ×

妈妈：磨蹭什么？快过来。

青青：不要，妈妈……这是我以前就想要的布娃娃，给我买一个吧。

妈妈：不行，我们不是约好今天什么都不买吗！

青青：就今天，以后绝对不会这样了。

妈妈：但你已经跟我约好了，是不是？

青青：就这一次，行吗？

妈妈：怎么这么不听话？

青青：妈妈，给我买，买！

妈妈：我说不行就是不行。

青青：别的什么都不要，我就要这个！

妈妈：**别大声嚷嚷，大家都看着我们呢……你想要哪个？**❶

青青：这个。

妈妈：**你在这儿挑一个便宜点的，我就买给你。**❷

青青：那就买这个。

妈妈：**真不听话。就今天，以后不许这样。**❸

青青：嗯。

教孩子遵守承诺是很重要的，因为人们在社会生活中需要遵守承诺，孩子应该从小养成遵守承诺的好习惯。

在上述对话中妈妈耐不住孩子的固执和周围的视线，只好打破承诺（❶~❸）。这样一来孩子会认为，只要自己耍赖，妈妈就会满足她的要求。

这样通过耍赖得到满足的孩子就会看轻承诺，可想而知这样的孩子长大了，将在社会上有什么样的作为。

有利于孩子成长的**引导式对话**

妈妈：磨蹭什么？快过来。

青青：不要，妈妈……这是我以前就想要的布娃娃，给我买一个吧。

妈妈：是以前就想着要的吗？❶

青青：妈妈，给我买吧。

妈妈：是很漂亮。❷ 可是来之前跟妈妈约好了什么？❸

青青：说好了今天不买的……

妈妈：对呀，我前几天刚给你买过玩具，所以才约好了今天不买玩具的。❹

青青：但我还是想要，妈妈，给我买吧！

妈妈：还想要啊。❺（坚决的语气）但已经说好了不买的，所以不能买。❻

青青：别的什么都不要，我就要这个！

妈妈：不行！妈妈要走了，你跟我一起走还是待在这儿？❼

（妈妈开始走了。）

青青：……（默默地跟着妈妈走）

当孩子违反约定、赖着妈妈要买东西时，不要一开始就否定孩子的要求。最好是先重复孩子说过的话，问她想要买那个东西的理由（❶❷❺）。当孩子觉得自己的要求没被忽视的情况下，心理上比较容易接受妈妈的安排。然后，妈妈再来说明已经约好的事情（❸❹）。妈妈还需要不被孩子的固执所左右，以坚决的态度告诉孩子必须遵守约定（❻❼）。当孩子从妈妈的态度上看得出不会有所改变的情况下才会放弃原来的想法，而且还可以从妈妈的一贯态度中学会“遵守承诺”这一社会规范。

引导式对话的要点

培养孩子遵守承诺的习惯非常重要。跟孩子约好了以后，妈妈又耐不住孩子的固执和周围人的视线而满足要求，这可能会导致孩子看轻承诺的习惯。所以，这种情况下先要问明白孩子的理由，再表示“必须遵守约定”这一态度。这样一来孩子会觉得自己的想法没被忽视，心理上容易接受妈妈的态度。在这些过程中孩子会学到“遵守承诺”这一社会规范。

引导式对话中打动孩子的基本技巧

“I 说法”和“You 说法”

随着表达方法的不同，孩子们有时候愿意接受妈妈说的话，而有时候却不愿意接受。肯定孩子的存在的表达方法有两种。

其中一个是“你是……”的“You 说法”。比如，当孩子达到某个目标时，可以利用“（你）努力了”的说法。另外一个是“（我）因为你的帮助……”的“I 说法”。表达同样的心情时，可以利用“你能帮助妈妈真高兴”的“You 说法”，也可以利用“我得到了你的帮助，非常高兴”的“I 说法”。简单地说，一个是说“你努力了”，另一个是说“我认为你努力了”的差别。

这两种表达方法中人们常利用的是“You 说法”。我曾在家长学习班里让他们互相说出对方的优点，结果大部分人都说“你的声音很好听”、“你很活泼”、“你做了很多事情，太厉害了”、“你的眼睛很漂亮”等，这些都是“You 说法”。可能是因为我们不习惯以“我”为主语的表达方法吧。当然，不能绝对地说哪一种表达方法好，哪一种表达方法不好。但在这里值得注意的是对方未必喜欢你怎么怎么样的说法。

我也一样，别人夸我课讲得好时，与“您讲得真好”相比，我还是比较喜欢听别人说“听了您的课，我都流泪了”这样的表达方法。请记住，利用“I 说法”表达意思，孩子也会比较容易接受。

责骂时也利用“I说法”

责骂孩子时很多妈妈都会使用“你怎么这样”、“你怎么这么不听话”等口气。但是假设是你听到了这样的责问，你能回答出“为什么”吗？孩子也一样。当她听到了这样的责骂，不是紧闭嘴巴一声不吭，就是找各种理由来辩白。责骂孩子时也可以利用“I说法”，这样做可以让孩子敞开心扉，也可以激发出孩子的潜能。

以前，我的客户名的儿子每天晚上都玩游戏，很晚才睡觉，生活规律完全被打乱了。一开始名斥责孩子说“你为什么不遵守跟妈妈的约定”、“你怎么不听话”等，但这些毫无效果。

我告诉名，等孩子玩完游戏以后这样说：“你不遵守我们的约定，妈妈很伤心，如果一直都这样下去，就不能再留下游戏机了。”听了这样的话以后，孩子很惊讶，真心诚意地说：“妈妈，对不起，以后我一定会遵守约定的。”从那以后，孩子只在规定时间里玩游戏。名非常满足，自己能够非常认真地向孩子表达出她的心情。

您也可以试着利用“I说法”向孩子表达您的想法。

如何控制愤怒的情绪

带孩子时，有时候因为孩子不听话，一天里要生好多气。可是一旦怒气爆发就无法控制，原来想说的话一句也说不出来，而无意中又说出很多不该说的话，让对方受到伤害，到时候就后悔莫及了。“我”的愤怒还可以引起对方的愤怒，影响正常的交流。所以妈妈对待孩子时一定要保持冷静，只有这样才能表达出本意。

我们无法控制住瞬间爆发的愤怒，但还是有办法管住已经爆发的愤怒。

1. 一声不吭地离开。当你的情绪笼罩在愤怒之中时，只要看到那愤怒的源泉——孩子，肯定会控制不住自己的情绪，这种时候最需要的是一声不吭地离开那里。
2. 屏住呼吸。生气时呼吸会加剧，这时候我们来试一下腹式呼吸。首先从腹部下方开始徐徐地吐出空气，然后再慢慢地吸气，感觉到腹部装满了空气就可以了。这样反复几次，你就能够慢慢地平静下来。
3. 客观地看待正在生气的自己。这是退一步重新审视自己的方法。“啊，我正在生气，我为什么生气呢？刚才孩子跟我顶嘴了。”这样客观地审视自己，就不会被愤怒操控，可以静下心来，然后再回顾情况，想出应对的方法。“也许孩子也有事吧。不要发火，再仔细问问。”这样一来与孩子的关系也会变得明朗一些，教育方法也会更明智一些。

如何表达“妈妈知道”的信息

如果想让孩子觉得他自己很特别，妈妈就得想办法让孩子认为他很重要，是唯一的。找出你的孩子与众不同之处，并表达出“妈妈知道”的信息。

小时候，我原以为妈妈只喜欢妹妹香织，就特别嫉妒她。可是妈妈一有空就夸我“真由美喜欢读书”、“真由美的字写得这么好，以后可以当老师了”、“说得一板一眼，不错”之类的。因为有了这些夸奖我才消除了对妹妹的嫉妒，建立起自信心。正是这种“妈妈知道”的信息可以无限地挖掘孩子的各种潜能。

没事也要拥抱孩子

有时候妈妈根本不知道孩子为什么发脾气，这时候不要问理由，直接拥抱孩子也很有效。有一位妈妈因为上幼儿园的孩子总爱发脾气来找我咨询，她说，孩子发脾气时就骂他，可是这样做不但一点效果都没有，孩子哭得更厉害了。有一天实在是没办法，她就问孩子：“你说怎么办？”结果孩子回答说：“妈妈，抱抱我。”

是的，孩子发脾气，当然会有他的理由，只是我们猜不出原因。问他：“心情不好吗？”然后再抱抱。这样的表达方法相当有效。

不同状况下改变孩子的表达方法

这一章节讲述的是我们在养育孩子的过程中经常碰到的问题中妈妈们最想知道的部分内容的引导式对话解决方法。现在的年轻妈妈们因为经验不足，一不小心就被孩子左右。但是，如果每次都这样，妈妈和孩子就会陷入无法自拔的深渊中。最好的方法是妈妈吃透孩子的心情和状况，再想出明智的应对方法。另外，一定要记住，孩子们最敏感的是妈妈的爱和反应。

第5章

1 孩子不愿上学怎么办

“我头疼……今天不想上学”

孩子忽然不愿上学，妈妈肯定会很吃惊，有可能勃然大怒，大声嚷嚷:“不上学怎么行?”或“为什么不上学?”这时妈妈不要盲目地发火,要先想一想该怎么说、怎么行动。孩子不愿上学肯定有理由，不能因为孩子不愿上学就认定他是坏孩子。

元一是小学三年级的孩子，有一天早上妈妈叫元一起床，可他躺在被窝里一动也不动。妈妈感到很奇怪，向我咨询有什么对策。

不利于孩子成长的随意性对话

妈妈：怎么还赖在被窝里？快起来，要迟到了！

元一：我头疼……今天不想上学。

妈妈：发烧了？（摸孩子的额头）没发烧啊。好了，没事了，起来吧。

元一：我不想上学。

妈妈：怎么了？有事吗？

元一：……

妈妈：你不说我怎么知道，跟同学打架了？还是同学不跟你玩？❶

元一：不是！

妈妈：那为什么呀？说话呀，到底有什么事？❷

元一：你别管。

妈妈：人人都有不愿意做的事情，可是你今天不上学，以后就更不想上学了。❸

元一：……

这种情况下大部分孩子都不愿意直接说出理由，可能是不愿意让妈妈担心，也可能是自己还没想好，但总的来说是因为“累了”或“想休息”等原因吧。在孩子还没准备好的情况下，强迫他说出原因，只能给他增加心理负担（❶❷）。

上不上学终究是孩子的事情，如果不上学，孩子自己也会难受。但妈妈因为这个再责骂孩子，他会更加难受（❸）。这时妈妈该做的就是等孩子自己行动起来。孩子遇到大问题时才是妈妈向孩子表达“我跟你站在一个立场上”的最佳时机。

有利于孩子成长的**引导式对话**

妈妈：怎么还赖在被窝里？快点起来，要迟到了！

元一：我头疼……今天不想上学。

妈妈：头疼？发烧了？（摸孩子的额头）没发烧啊。❶

元一：头疼。

妈妈：是吗？那我们去医院吧。

元一：不想去。

妈妈：得病了就得去医院。

元一：没事，你就让我在家休息吧。

妈妈：不想上学是吗？有什么事吗？

元一：……

妈妈：不想说？那好，今天就在家里休息吧。妈妈就在旁边，你想说就叫我。❷

元一：嗯。

有时候可以通过孩子的表情和态度看出他跟以往有什么不同。上述引导式对话中，妈妈虽然知道孩子不愿上学的理由，但没有马上让孩子说出来（❶），只是静观孩子的状态，告诉他妈妈随时都可以听他说话，让孩子想说的时候再说。这样一来孩子就会觉得心里很踏实（❷）。**当孩子认为妈妈跟自己站在同一个立场时，就会在适当的时候向妈妈敞开心扉。**

我也有过这样的经历。高中二年级的时候，有一次我得了重感冒，休息了几天。可是休息几天后就不想上学了。妈妈不知道怎么办，就没督促我上学。这样一晃就过了两个星期，我开始觉得这样下去连大学都上不了了。刚开始不上学的时候，因为妈妈没有督促而感到很轻松，但后来越来越着急，甚至盼着妈妈问我不上学的理由。我认为，妈妈只要在孩子需要时全力以赴地帮助就可以了。

引导式对话的要点

有一天孩子忽然不想上学了，妈妈逼问孩子："为什么不想上学？"他有可能更加难受。孩子不愿上学妈妈当然很着急，但最好还是等孩子自己说出理由。当孩子认为妈妈跟自己站在一个立场上时，肯定会说出心里话。

2 夫妻吵架后怎么对待孩子

“这是大人们的事情，跟你们没关系”

夫妻吵架对孩子的影响比我们想象的要大。孩子们会非常不安、焦虑，所以最好不要让孩子看见你们吵架。但父母吵架的样子刚好被孩子撞见了该怎么办？我们来看一看这种情况下怎么跟孩子解释。

有一天，达也和纱织的爸爸、妈妈在孩子们面前吵架了，孩子们又紧张又不安地看着妈妈。这一瞬间妈妈不知该怎么面对他们，安慰他们。

不利于孩子成长的随意性对话

妈妈：你有没有听我说话？

爸爸：你烦不烦？闭嘴！

妈妈：那我现在不说，什么时候说？

爸爸：我不想听！

（爸爸生气地走出去。孩子们一脸不安的表情。）

达也：……

妈妈：（让孩子们听见）**爸爸怎么能这样？以后不许你们学他！❶**

纱织：妈妈，你是不是讨厌爸爸？

妈妈：……

达也：妈妈！

妈妈：**好了，好了，这是大人们的事情，跟你们没关系。❷**

达也：这是什么意思？

孩子们认为爸爸、妈妈是一个统一体，看到父母吵架时孩子会感到不安和恐惧，就算事情过去很久也会记住它，而且会给孩子的心灵留下很大的创伤。

特别像上述对话中❶那样，对方不在时说他坏话，孩子们觉得自己应该站在妈妈这边。但对孩子来说，爸爸和妈妈一样重要，如果站在其中一边他们会很难过，并会为此而自责。

另外，像❷那样不让孩子们参与父母之间的事情也不好。孩子们年纪虽小，但直觉上仍然能判断出是怎么回事。请记住，孩子们亲眼看到了你们任性、狡猾的一面，这时候父母应该坦率地向孩子们说明情况才行。

有利于孩子成长的**引导式对话**

（夫妻吵架以后妈妈跟孩子们解释。）

妈妈：对不起，刚才跟你们的爸爸吵架了。以前总跟你们说不要吵架，现在我自己也吵架了。你们是不是很伤心？❶

达也：妈妈，以后不要跟爸爸吵架了。

妈妈：以后不吵了。妈妈和爸爸都很重视对方，但有时候也像你们会吵架。但我们都很爱对方，所以很快会和好的。

纱织：嗯，我也很爱妈妈和爸爸。

妈妈：让你们担心了。妈妈和爸爸也很爱你们。

（妈妈紧紧抱住孩子们。❷）

夫妻吵架以后不要想着蒙混过去，要坦率地向孩子们承认你们吵架了。然后要表达出你理解他们的心情（❶），向他们道歉。还要告诉孩子们夫妻吵架并不是说明你们之间有什么问题，你们仍然是相爱的，并以拥抱让孩子们放心（❷）。只有这样做才能解除孩子们的担忧。

我有一个朋友开了一家幼儿园，她的幼儿园里有一个特别的孩子，经常惹别的孩子，无论怎么骂都没有用。他的妈妈说，孩子在家里也经常跟弟弟过不去。有一天这孩子又惹事了，无奈的她只好使劲地抱住孩子，可没想到孩子却说："老师，你再抱紧我！"从那以后，我的朋友就经常拥抱这个孩子，并提醒孩子的妈妈多拥抱孩子。后来这个孩子变得沉静了很多，上课时也能安静下来。人身上的热气，特别是妈妈身上的热气会传给孩子，起到治疗心灵创伤的作用。如果孩子受到了伤害，请不要忘记紧紧抱住他。

引导式对话的要点

孩子看见父母吵架后会感到非常不安和紧张。这时候，最好向孩子坦承你们吵架了，再向他道歉，还要告诉孩子因为你们相爱才会吵架，那样孩子才会解除不安感。

3 兄弟姐妹打架怎么办

“你们就不能罢休吗？”

我们经常看到孩子们在家里打架。孩子们刚过周岁就懂得打架了，这时妈妈为劝架大声嚷嚷或强行分开他们会有什么结果？或者妈妈埋怨：“哎呀，没法过了”、“邻居家孩子们都好好的，从不打架……”又会怎样？其实，孩子们是在打架的过程中成长起来的。但妈妈要是说出这样的话，孩子们会觉得自己是折腾妈妈的坏孩子。那么，在家里兄弟姐妹之间打架该怎么办？

小胜和小智是小学生，他们在家里几乎天天都打架。下面的情况是他们家里经常发生的事情。

不利于孩子成长的随意性对话

妈妈：你们就不能停停吗？

小胜：是小智不对。

小智：我已经说过对不起了。

妈妈：好了，好了，怎么天天都这样！你们就不怕邻居笑话吗？（向哥哥说）你是哥哥，怎么跟弟弟生气？就不能忍一忍吗？❶

小胜：烦死了，凭什么只骂我一个人？

妈妈（向弟弟说）你怎么不听哥哥的话？❷

小智：是哥哥不对。

妈妈：好了，你们俩都别吃饭！和好之前不许看电视！❸

小胜：为什么？（向弟弟说）都怪你！

小智：妈妈，这太过分了！

妈妈：我不管。

兄弟姐妹之间打架是家常便饭。孩子们是在打架的过程中成长起来的，在打架的过程中学会理解和让步。人与人之间有分歧是不可避免的，重要的是怎么解决。上述对话中妈妈的解决方法是大声嚷嚷，然后再惩罚两个孩子（❸）。孩子们看到妈妈大声嚷嚷着劝架，以后也会想用同样的方法来解决问题。这时候妈妈不应该大声嚷嚷，而是要引导孩子们对话。另外，像❶那样，“因为你是哥哥就得忍着”的说法也不合理，不能说因为他是先出生的，就得忍耐，这样劝架的结果是大孩子认为妈妈不喜欢他。而且也不能像❷那样被孩子的意见所左右，临时改变态度，这样一来孩子会不信任妈妈的判断能力。孩子们打架肯定是有理由的，所以不要一味地劝架，而应该听一听他们的辩解。

有利于孩子成长的引导式对话

妈妈：你们就不能罢休吗？

小胜：是小智不对。

小智：我已经说过对不起了。

妈妈：**两个人都打住，跟妈妈说说看为什么打架？❶**

小胜：小智弄坏了我的玩具。

小智：我不是故意的，而且已经道歉了，可是他根本不原谅我。

小胜：你也不问我，乱玩才会弄成这样的。

妈妈：**你是因为弟弟没跟你打招呼就乱玩你的玩具才生气的吗？❷**

小胜：我可以教他怎么玩，可他问都没问就玩了，能不坏吗？

妈妈：（向弟弟说）**你怎么想？❸**

小智：我已经跟他道歉了，可他还打我。

妈妈：**你是因为哥哥打你了才生气的吗？❹**

小智：……

妈妈：你们俩打了 30 分钟，感觉如何？

（小胜和小智都不吭声。）

妈妈：**这些天因为你们俩能够互相照顾对方，我感到很欣慰。但是看到你们俩又打架了，我很伤心。❺**

小胜：打你是我不对，但你也以后别乱动我的东西。

小智：哥，对不起。

妈妈：看你们俩能够和好，我也很高兴。

小胜、小智：妈妈，我们以后不打架了。

两个孩子打架了，妈妈应该兼听各自的理由。这样一来，两个孩子都认为妈妈知道自己的立场，就可以平和地摆出打架的原因，再想出解决办法（❶~❹）。上述引导式对话中妈妈通过说出“这些天因为你们俩能够互相照顾对方，我感到很欣慰”让两个孩子敞开心扉（⑤），孩子们在理解对方的基础上才能够找到解决方法。这样做的效果是孩子们可以从妈妈的态度中学到很多东西。所以说，妈妈沉着冷静地说话和认真听取别人想法的姿态非常重要。

引导式对话的要点

孩子们是在打架的过程中成长起来的。如果妈妈让两个孩子中的一个无条件地忍耐，容易让人觉得是这个孩子不对。这时候应该公平地听取两个孩子的理由，让他们自己分析为什么打架，以及怎么解决。

4 孩子打人怎么办
“妈妈最讨厌打人了”

如果家里有两个孩子，小孩子一般会学大孩子，而且总喜欢缠着大孩子不放。但大孩子有时候嫌烦，会打弟弟或妹妹。你家有没有发生过类似的事情？这种情况下妈妈一般对大孩子更为严厉，但大孩子不喜欢弟弟或妹妹也许有他的理由。我们来看一看明智的妈妈是怎么处理这种事情的。

美幸和知绘是姐妹俩，姐姐上小学，妹妹上幼儿园。最近美幸妈妈很担心姐姐总欺负妹妹。有一天，妹妹知绘哭着来找妈妈了。

不利于孩子成长的**随意性对话**

知绘：妈妈，姐姐打我。

妈妈：又打你了？（走到美幸面前）美幸，怎么又打妹妹？

美幸：是她不对。

妈妈：你是姐姐。我都说了多少遍了，不能打妹妹。❶

美幸：我玩积木的时候她也要玩，我把积木给她了，可是她看到我看书又吵着跟我要书。我为什么总得迁就她？

妈妈：那也可以好好说呀。妈妈最讨厌打人了！❷

美幸：妈妈你不知道情况！

这种情况下妈妈说得最多的就是像❶那样“你是姐姐，她比你小”等，这样的话最容易引起孩子的反抗，而且像❷那样的说法容易让孩子对妈妈的爱产生怀疑。我们来看一看妈妈该怎么告诉孩子什么是该做的，什么是不该做的。

有利于孩子成长的**引导式对话**

知绘：妈妈，姐姐打我。

妈妈：姐姐打你了？疼吗？（走到美幸面前）美幸，怎么回事？❶

美幸：（怄气）是她不对。

妈妈：是她不对吗？❷

美幸：我玩积木的时候她也要玩，我就把积木给她了，可是她看到我看书又吵着跟我要书。我为什么总得迁就她？

妈妈：是吗？为这事生气了？是忍不住才打的吗？❸

美幸：……

妈妈：来，美幸。（抱住美幸）❹可是美幸，打妹妹是不对的。❺

美幸：嗯。

妈妈：你打她，她受伤了怎么办？而且她挨打以后也会生气，也可能还手打你。这样一来知绘就会越来越讨厌你，而且还不认为是自己错了。❻

美幸：嗯。

妈妈：你想，怎样才能不打也能叫她知道你的想法？❼

美幸：第一次我就迁就她，然后再告诉她注意点。

妈妈：对呀，以后能不能这样做？

美幸：可以。

首先不要单方面责骂使用暴力的孩子，要听她把话说完（❶❷），而且要理解孩子的心情（❸），重复孩子说过的话，表示同感，让孩子敞开心扉（❹）。然后再告诉她打人是不对的，还要明确地说明理由（❺❻）。这时候因为孩子早已有了心理准备，能够诚恳地接受妈妈的批评。另外，重要的是让孩子自己想出不打人也能表达心情的方法（❼）。

“妈妈知道我的想法”的满足感容易让孩子反省自己。每个人都有过小时候欺负弟弟妹妹的经历吧。**这时最好的办法不是责骂孩子，而是尊重孩子的想法，用满腔的爱拥抱他。**

引导式对话的要点

哥哥姐姐不喜欢弟弟妹妹或打弟弟妹妹，一般都有自己的理由。首先要弄明白孩子为什么打弟弟妹妹，然后表示你能理解他的心情，最后，当孩子敞开心扉以后再明确地告诉他打人是不对的。

5 孩子过分在意外表怎么办

“我想去掉雀斑”

现在的孩子不管是女孩还是男孩都很注重外表，有时候孩子们很在意在大人看来根本微不足道的小事情。如果孩子跟别的小朋友比较后对自己的外貌感到自卑，父母可能会很紧张。但如果连父母都紧张，孩子就会更加自卑。那么，怎样才能让孩子从自卑的阴影中走出来？

飞鸟是个快乐的小学四年级女生，但有一天却无精打采地回到了家，向妈妈抱怨脸上长了雀斑。可她以前从来都没有在意过雀斑。下面的对话就是那天的情景。

不利于孩子成长的**随意性对话**

妈妈：飞鸟，怎么了？看上去垂头丧气的。

飞鸟：什么都让人讨厌！

妈妈：讨厌什么？

飞鸟：他们都笑话我脸上有雀斑！我怎么长了这么多雀斑？

妈妈：就为那点小事发愁？❶

飞鸟：真讨厌！我想去掉雀斑。

妈妈：你以为去掉雀斑容易呀？别说傻话了。

飞鸟：反正不是妈妈被人笑话，就不知道我多难受、多丢脸。

妈妈：是笑话你的小朋友不对。如果你太在意了，那你就成傻子了。

飞鸟：……

妈妈：你对每个小朋友说的话都那么在意，怎么能不难受？其实这种事不用太在意。你看，妈妈也长了很多雀斑。❷

飞鸟：……

因为妈妈没有理解孩子被朋友笑话后的心情，反而使孩子更加不高兴，而且妈妈还强迫孩子接受自己的观点，说不用在意脸上长雀斑（❶❷）。**也许对妈妈来说根本不是问题的事情对孩子来说却是很大的事情呢。**这时候最好是先附和孩子一下，然后再去改变孩子“长雀斑是缺点”的想法。

有利于孩子成长的**引导式对话**

妈妈：飞鸟，怎么了？看上去垂头丧气的。

飞鸟：什么都让人讨厌！

妈妈：什么都讨厌？❶

飞鸟：他们都笑话我脸上有雀斑！我怎么长了这么多雀斑？

妈妈：啊，我知道了，你是因为被别的小朋友们笑话脸上有雀斑才难过的吧？❷

飞鸟：我想去掉雀斑。

妈妈：你是被朋友们笑话了才不高兴的，可是，你知道吗？妈妈反而喜欢你脸上的雀斑，我觉得它们很可爱。❸

飞鸟：（惊讶的表情）可爱吗？因为我是你的女儿才觉得可爱吧？

妈妈：不是，不是因为你是我的女儿才觉得连雀斑也可爱，而是觉得雀斑让你更有魅力。❹你想想看，很多明星脸上也长了雀斑呢。❺

飞鸟：……

作为妈妈，看见孩子因为不起眼的小事而感到烦恼，当然会难受。但妈妈首先不应该否定孩子的情绪，最好是先顺着他（❶❷），然后就像上述对话里说雀斑很可爱那样，给孩子提出另一种看法（❸❹）。孩子为脸上的雀斑苦恼，本身说不上是坏事还是好事，人们对它的看法不一样，解释也就不一样。但正为此苦恼的孩子很难往好的方面想，这时候妈妈可以说“现在流行单眼皮，这更可爱”、“棱角分明的脸看上去更漂亮”等新看法，让孩子知道这是与众不同的、只属于他一个人的魅力和个性。❺

引导式对话的要点

有时候，孩子们很在意在大人看来微不足道的小事情。这时候妈妈不应该说“那有什么了不起的”之类的话，说一说“现在流行单眼皮，这更可爱”、“棱角分明的脸看上去更理性一些”，给孩子提供新的观点。

6 如何让孩子喜欢学习
“你为什么不学习？”

大多数父母都很重视孩子的学习，但不应该跟孩子说教学习的重要性和对未来的影响。孩子充满了学习的热情，自然就能够取得好成绩。如果妈妈只会命令孩子学习，会有什么结果呢？

小学生昭一不太爱学习，昭一妈妈为了让孩子能够自觉地学习，作出了很大的努力，还为这事克制了很长时间。可是有一天，妈妈实在是看不下去，就说了他几句。结果，引起了孩子的反感。

不利于孩子成长的**随意性对话**

妈妈：（和蔼地）昭一，作业写完了吗？

昭一：还没呢。

妈妈：我看你最近总是坐不住。

昭一：……

妈妈：（稍微心烦的声音）**你为什么不学习？❶你现在不学习将来怎么办？上初中、高中后功课更难了。最好是现在就努力。❷**

昭一：你不说我也会学习的！

妈妈：那什么时候学习？

昭一：什么时候我没做过功课？

妈妈：知道你最近多懒吗？

昭一：一听妈妈唠叨，原来想做功课的心思都没了。

妈妈：**妈妈不说你能自觉地学习吗？所以才说你的！❸**

昭一：妈妈总说“学习吧，学习吧”，我才变得没有心思学习了！

妈妈一旦看到孩子不爱学习就很容易发火，说出一些“长大以后怎么办”“都为你好”等带有恐吓性质的话（❶~❸）。虽说这都是为孩子好，但这种对话能引导出孩子的学习热情吗？一般情况下强迫孩子学习，他就更不愿学了。比较有效的方法是跟孩子一起学习，共享学习的乐趣。

有利于孩子成长的**引导式对话**

妈妈：昭一，最近上学有意思吗？

昭一：嗯，一般。

妈妈：为什么呀？是不愿学习吗？

昭一：也不是……

妈妈：是不是有点累？

昭一：是有点累。

妈妈：**是吗？最近都学了什么？❶**

昭一：嗯，数学学了分数。

妈妈：**分数？已经学到分数了？开始学难的了。❷ 妈妈以前就没学好分数，你呢？❸**

昭一：一开始挺容易的，可是现在越来越难了。

妈妈：**是吗？妈妈也想学分数。你能教我吗？❹**

昭一：妈妈也想学？

妈妈：**对呀，分数是对大人也有用的知识。一起学吧！❺**

昭一：我也……好吧。

孩子越是对学习不感兴趣，你越要表现出关心（❶）。要是孩子有哪一点学得好的，就要尽量多表扬（❷），以此激发孩子的自豪感。尤其是妈妈提出一起学习时，没有一个孩子会说“不”的（❸❹❺）。不管什么事，孩子们都喜欢跟父母一起做。

如果想让孩子对学习感兴趣，就得让他感到学习的愉悦和自豪感。在孩子培养出学习兴趣之前，妈妈跟孩子一起学习是比较好的方法。那么，原先不爱学习的孩子也因为可以跟妈妈一起而开始认真学习了。

引导式对话的要点

孩子不爱学习时，妈妈咆哮着让他学习根本无济于事。有效的方法是陪孩子一起学习，直到培养出他的兴趣来。

7 被孩子指出错误该怎么办

“我什么时候那样过？”

平常我们熟悉妈妈指出孩子的错误或过失，可是，由孩子指出妈妈的错误或过失时，我们可能会不知所措，有的妈妈还狠狠批评指出错误的孩子。其实，孩子们非常在意父母的态度，他们平常对父母的观察也超乎我们的想象。所以，当被孩子发现你的错误或过失时，最好是坦率地承认。

纱英是小学三年级的孩子。一天吃饭时，妈妈告诉她不要用筷子翻弄菜，可是孩子马上回嘴说妈妈也一样。这种情况下我们该怎么办？

不利于孩子成长的随意性对话

妈妈：纱英，别那么用筷子翻弄菜，那样不好。

纱英：上次妈妈也翻弄沙拉，专挑喜欢的吃了。

妈妈：（惊讶地）**我什么时候那样过？❶**

纱英：我都看见了！

妈妈：**那是因为我讨厌大辣椒，特意把大辣椒挑出来的。❷**没像你那样翻弄，真不懂礼貌。

纱英：妈妈也一样不懂礼貌。

妈妈：你看你现在，完全是小孩子玩饭菜的模样。

纱英：我没玩。

妈妈：做错了应该懂得反省，你这是什么态度？

纱英：妈妈也一样，自己不反省还说我？

妈妈：**你对妈妈这是什么口气？做错了应该好好反省才对。❸**

纱英：为什么只骂我一个人？真是见鬼！

妈妈：你怎么这么说话……

上面对话中妈妈被女儿指出错误后，没有坦率地承认自己错了（❶），只想含糊过去（❷），还想利用妈妈的权威催促孩子反省（❸）。很多父母都认为自己应该成为孩子的楷模，所以不敢坦承自己的错误。**但在孩子面前为维护尊严而掩饰自己的错误，只能加深孩子的不信任感。**世上没有永远不犯错的人，重要的是犯错以后怎么应对。

有利于孩子成长的**引导式对话**√

妈妈：纱英，别那么用筷子翻弄菜，那样不好。

纱英：上次妈妈也翻弄沙拉，专挑喜欢的吃了。

妈妈：（惊讶地）真的？妈妈那样做过吗？

纱英：我都看见了！

妈妈：**哎呀，是吗？我讨厌大辣椒才特意挑出来的。当然了，那也是没礼貌的行为。❶**

纱英：你总跟我说，该这么做，那么做，可是妈妈自己也一样！

妈妈：**真的！对不起。妈妈自己也没有做好。❷**

纱英：……

妈妈：别人不说的话就没法知道自己的行为好不好，以后我们互相监督，互相提醒。

纱英：嗯。

妈妈：**以后妈妈也会注意自己的行为的。❸**

就像上述引导式对话一样，如果被孩子指出了错误，就应该坦率地承认错误才行（❶❷）。妈妈不要总想着要教育孩子，要跟孩子站在同一起跑线上，一起来成长。那么，孩子就会从中学到礼貌和尊重他人（❸）。孩子是从父母的言行举止中成长起来的。请你一定要记住，孩子最好的良师益友就是父母。

引导式对话的要点

如果孩子指出了你的错误或过失，请你立刻承认错误吧。孩子会从父母的言行举止中学到很多东西。

8 怎么回答孩子"为什么要学习？"
"学习就那么重要吗？"

孩子们各自都有不同的烦恼，有时候他们会提出连父母都无法回答的怪问题。有的妈妈无法回答孩子的提问时，可能会怪他"净想些稀奇古怪的问题"。当孩子提出父母无法理解的或无法回答的问题时，我们该怎么向他解释？

纪元是小学五年级的孩子，他原来是个学习成绩不错、听话的乖孩子，可是最近不知为什么总是无精打采的，不能集中精神。纪元妈妈很担心。有一天，纪元还问妈妈："为什么要学习？"这一下，纪元妈妈就按压不住烦躁的心情了。那么，我们来看一看纪元的事例。

不利于孩子成长的随意性对话

妈妈：纪元，你看上去精神很不好。有事吗？

纪元：妈妈，人为什么要学习？

妈妈：**怎么了？忽然问这么奇怪的问题……❶**

纪元：学习就那么重要吗？

妈妈：当然了。学习好了才能成为有用的人，学习不好长大后很难在社会上立足。

纪元：为什么呀？

妈妈：因为人们会小看你，而且没法找到好工作。妈妈为什么总让你好好学习？还不都是为了你。

纪元：……

妈妈：**学习都是为自己好的，你怎么会问这么奇怪的问题？❷**

纪元：为什么说是为自己？

（纪元不满意妈妈的解释。）

其实，妈妈没理解纪元苦恼的理由（❶），而且根本不接受孩子的想法，认为纪元想这些问题本身就不应该，还强迫孩子接受自己的观点（❷）。实际上，不少孩子都有跟纪元差不多的想法。可是，孩子把这些苦恼倾吐出来，父母却用"怎么问这么奇怪的问题"驳回去，那么孩子更觉得没人理解他，更觉得孤独和不安。

有利于孩子成长的引导式对话

妈妈：纪元，你看上去精神很不好。有事吗？

纪元：妈妈，人为什么要学习？

妈妈：……

纪元：我想过人为什么要学习，可是怎么也想不明白。

妈妈：**是呀，人为什么要学习呢？❶**

纪元：学习很重要吗？

妈妈：**嗯，你怎么想？❷**

纪元：我不知道学习对人到底有什么用处。

妈妈：**妈妈以前也想过同样的问题。❸**

纪元：真的？

妈妈：嗯，所以能理解你的心情。

纪元：真的？我讨厌学习……

妈妈：**是吗？妈妈认为，小时候认真学习对以后会有很大帮助。❹**

纪元：有什么帮助？

即使孩子提出了一些离谱的问题，也不要表现出不满，而是要表示认同，要认真对待问题（❶❷）。那么，**孩子因为得到了妈妈的理解，感到心情舒畅，然后妈妈再给孩子讲一讲自己的体验，让孩子拓宽视野，重新审视事情**（❸❹）。结果是孩子自己也能够解决问题，妈妈只是充当了一个好的听众，肯定了孩子的想法而已。这是妈妈表现出“我随时都可以为你呐喊加油”的另一种表达方法。

引导式对话的要点

有时候孩子会提出一些很难回答的问题，这时妈妈不要以“别胡说八道”的方式来对待，要接纳孩子的情绪，然后再提出：“为什么要学习呢？”提示出新观点，帮孩子寻找解决问题的线索。

9 孩子说朋友的坏话该怎么办
“你到底是谁的妈妈？”

孩子在家里说朋友的坏话时，你该怎么办？谁都不愿意听别人的坏话，但如果这时候你硬邦邦地抛出一句“不许说别人的坏话”，孩子会怎么想？也许他会顶嘴，说：“你到底是谁的妈妈？”那么，有没有别的办法？

百合正在上小学三年级，最近可能跟最要好的朋友美幸吵架了，因为她总说美幸的坏话。下面，我们来看一下小百合的情况。

不利于孩子成长的**随意性对话**

妈妈：最近怎么了？好像不跟美幸玩了？

百合：（生气地）我以后再也不跟她玩了，一想到她就生气！

妈妈：别那么说话，她是好孩子。

百合：她才不是好孩子。我讨厌她，她取笑我脸上有雀斑。

妈妈：**不许说朋友的坏话，应该跟朋友好好相处。❶**

百合：（赌气）我不是无缘无故地说她坏话。

妈妈：**你别在意她的那些话不就行了吗？❷ 美幸肯定不是故意那么说的，❸ 应该跟朋友好好相处。❹**

百合：好了，你到底是谁的妈妈？

听说孩子跟朋友打架了，绝大多数妈妈都会说“应该跟朋友好好相处”（❶），但这些话只会伤害孩子的感情。上述对话❷～❹中百合也知道应该跟朋友好好相处的大道理，但是因为妈妈根本不为她着想才感到反感。其实，这时最重要的是靠近孩子的心灵。

有利于孩子成长的**引导式对话**

妈妈：最近怎么了？好像不跟美幸玩了？

百合：（生气地）我以后再也不跟她玩了，一想到她就生气！

妈妈：**生气了？❶**

百合：她说了我坏话，说我脸上有很多雀斑。

妈妈：**她说了你不爱听的话，感到不愉快，是吗？❷**

百合：她真讨厌。

妈妈：心里不好受吧？❸ 你想以后怎么跟她相处？❹

百合：我是想好好跟她相处，可是她不道歉，我就不跟她玩了。

妈妈：她不道歉就不跟她玩，是吗？那么她道歉了就跟她玩？❺

百合：她向我道歉，就饶了她。

妈妈：是吗，我问你一个问题行吗？

百合：嗯。

妈妈：美幸知不知道你不喜欢她这么说？是不是无心说出来的？❻

百合：她好像不是故意气我的，可是我很在意脸上的雀斑，所以特别生气。

妈妈：所以才吵起来的吧？

百合：嗯…

这种情况下妈妈不要对孩子的话挑毛病，先表现出你能理解她的心情（❶~❸），那么孩子就会跟你敞开心扉，说出心里话。上述引导式对话中，妈妈引导出了孩子内心的想好好跟朋友相处的真实想法（❹❺），让她能够心平气和地回顾之前发生的事情（❻）。通过这些，孩子终于能够客观地看待跟朋友吵架的理由，知道不能全怪朋友。人生气时很难反省自己，可是一旦发现有人能够理解自己，就能变得坦率而冷静。

引导式对话的要点

当孩子说朋友坏话时，妈妈告诫她“不许骂朋友”，孩子就会觉得妈妈不站在她这一边。这时，妈妈应该倾听孩子说的话，引导出她真正的想法。

10 孩子受伤了怎么办

“男子汉哭鼻子丢不丢人？”

孩子跌倒了或受伤了，妈妈会很担心，所以，查看伤处之前可能会先说出“怎么就摔倒了呢”、“唉，真是一点也不能放心”之类带有情绪的话。妈妈的这种态度对孩子来说比受伤还要难受。那么，这种情况下妈妈该怎么应对？

明寺是一个四岁的男孩，有一天，他和妈妈一起散步时不小心跌倒了。孩子坐在地上大声哭了起来，妈妈觉得男孩这么爱哭可不是好事，以后怎么能在社会上坚强地生活下去呢？所以特地找我咨询了有关问题。

不利于孩子成长的**随意性对话**

妈妈：你看！我不是让你好好走路的吗？❶

明寺：（忍住疼痛的表情）……

妈妈：快点起来，这儿危险。❷

明寺：（哭了起来）疼！

妈妈：疼什么疼，这点疼也不能忍着点吗？❸

明寺：疼！

妈妈：别人都看着你呢。男子汉哭鼻子丢不丢人？❹

孩子摔倒了还挨妈妈的骂（❶❷），可能会又惊又疼，还觉得丢脸。这时妈妈不应该刻薄地说“不要哭”（❸❹）。

孩子被压抑的感情没能消解，可能会成为抹不开的阴影，留在心底。被教导成遇到困难也不哭的孩子，会逐渐压抑自己的感情，这样的孩子察觉不到别人的感受。**所以不应该让孩子压抑感情，而是引导他释放感情。**

有利于孩子成长的**引导式对话**

妈妈：（吓一跳）啊，明寺！（看着明寺）❶

明寺：（忍住疼痛）……

妈妈：疼吗？❷

明寺：（哭起来了）疼！

妈妈：（抱住明寺）疼啊？❸来，妈妈看看。❹

明寺：……

这时的当务之急是让受惊的孩子安定下来，所以先要察看孩子的状况（❶❷），然后重复孩子说过的话，用亲密的动作认同孩子的感受（❸❹），这样孩子就会慢慢安定下来。从这些过程中孩子知道没必要隐藏疼痛和丢脸的感觉，坦率地表达自己的情绪，进而学会尊重别人的感情。

引导式对话的要点

如果孩子摔倒了或受伤了，要抱着他，安慰他，这样孩子就能学会坦率地表达自己，并能学会尊重别人的感情。

11 孩子不愿意洗刷怎么办？
“今天不想洗”

洗澡、刷牙、洗脸……很少有孩子喜欢这些，妈妈和孩子之间每天都重复着“洗脸吧”和“我不想洗”的对话。那么，有没有办法让孩子喜欢上洗刷？孩子能够自己洗刷，对妈妈来说应该是减少了不少负担吧。

小尊六岁，他的弟弟小胜四岁，兄弟俩都上幼儿园，他们的妈妈常常埋怨孩子们不爱洗澡。现在我们来看一看他们的情况。

不利于孩子成长的**随意性对话** ✗

妈妈：哎呀，已经八点了。你们俩该洗澡了。

（两个孩子都不理，继续玩自己的。）

妈妈：听不见吗？该洗澡了！别玩了。❶

小尊：今天就不洗了吧。

小胜：我也是……

妈妈：什么话？你们俩都出了一身汗！❷

小尊：我没出汗！

妈妈：都别玩了。你们俩再不听话我就生气了！❸

妈妈这样做等于胁迫孩子（❶~❸），这样生气地强迫孩子们洗澡的结果是妈妈和孩子都不高兴。其实妈妈完全可以换一个角度，进行更愉悦的对话。

有利于孩子成长的**引导式对话** ✓

妈妈：哎呀，已经八点了。该洗澡了！你们俩今天流了很多汗，洗干净点吧！❶

小尊：今天不想洗。

小胜：我也是……

妈妈：今天你们在外面玩了很长时间，脚都变成黑糊糊的了。❷你们这样睡觉被子会脏的。妈妈可不喜欢这样。❸

小尊：……

妈妈：你们在浴缸里继续玩吧！

（可是孩子们还是不动。）

妈妈：**妈妈先去准备了，你们俩比赛谁脱衣服快。❹**

小尊：我先来！

小胜：等一等！

首先，妈妈不要动不动就发火，要告诉孩子们洗澡的理由（❶❷），然后利用“I说法”坦率地告诉他们你的想法（❸）。这样一来，孩子们可能有点动心了，这时再让他们“竞争”，刺激一下好胜心（❹），那么，原先以为洗澡很麻烦的孩子们会觉得这是件愉快的事情。利用游戏或竞争是一个不错的策略。

引导式对话的要点

如果孩子们不喜欢洗刷或打扮，可以利用他们的好胜心，让他们竞争。这样一来，孩子们就不会觉得这是件麻烦事，而是“有意思的游戏”。

12 孩子说"我做不好"怎么办

"我可能会是倒数第一名"

孩子在做自己不擅长的事情时往往感到不安和恐惧，不是犹豫不决，就是裹足不前。请你回忆一下，你有没骂过这样的孩子？即使是大人，要做不擅长的事情时都需要慎重考虑，或做深呼吸等心理准备，何况孩子呢？

小胜是小学三年级的学生，他不擅长体育项目，所以不愿意参加学校的运动会。这次运动会之前，小胜的爸爸给孩子说了一些鼓励之词，可是，孩子的反应实在是让他感到郁闷。我们来看一下当时的情景。

不利于孩子成长的随意性对话 ✗

爸爸：怎么了？这么没精打采的。

小胜：我讨厌赛跑，可能会是倒数第一名……

爸爸：**倒数第一就有点不好了。你现在还没跑呢，就说丧气话。❶**

小胜：爸爸，我跑不好你是不是觉得丢脸？

爸爸：**重要的不是爸爸怎么想。❷**

小胜：……

爸爸：**爸爸跑得不错，你也应该可以，只要加把劲就行了。❸**

小胜：我再练习也没用。

儿子对跑步没信心，可爸爸却表示期待（❶）。孩子问爸爸："我跑不好你是不是觉得丢脸？"是想听"你跑不好也没关系，爸爸总是支持你"这样的回答，但爸爸只说"加把劲"。这里可以读出"只有跑得快才有意义"的价值观（❷❸）。这种鼓励只能加重孩子的心理负担，孩子担心满足不了爸爸的期待。我们不应该给孩子种上自卑的种子，应该让他自信起来。

有利于孩子成长的引导式对话 ✓

爸爸：怎么了？这么没精打采的。

小胜：我讨厌赛跑，可能会是倒数第一名……

爸爸：你那样想吗？

小胜：爸爸，我跑不好你是不是觉得丢脸？

爸爸：**不是，除了跑步以外你还有很多长处。比如，书读得很多，**

还认识连爸爸都不认得的汉字。❶

小胜：可是，体育项目就不行。

爸爸：胜，你是不是也想跑得快？那你有没有努力过？

小胜：没有，我本来就跑不快。

爸爸：**那我问你，那些汉字你一开始就能认得出来吗？❷**

小胜：不是，我天天学习，所以才能认得。

爸爸：**你是说，那些汉字是通过学习才学会的吧？难道跑步就不一样吗？❸**

小胜：练习好了就能跑得快吗？

爸爸：汉字怎么样？

小胜：汉字学得多了就会了。那么，从现在开始练习跑步也能行吗？

爸爸：当然！加油，胜！

小胜：谢谢爸爸。

当孩子要做没有信心的事情时，你向他提示他所擅长的项目，这样可能会改变他沮丧的心境（❶）。**培养孩子自信心的最好方法是让他认识到自己的强项，**上述对话中爸爸为了改变孩子沮丧的心情，提出了他汉字学得好的成功经历（❷❸）。父母根据孩子的强项提出可能性，孩子的热情和自信心就会高涨起来。

引导式对话的要点

孩子需要做以前没尝试过的或没有信心的事情时，难免会踌躇不前。这时候最好的方法是引出他过去成功的经历，让他自信起来。那样孩子就可以从“必须要满足父母的期待”的强迫观念中摆脱出来，做得更好一些。

13 孩子成绩提高了，该怎么表扬

“努力是努力了……”

孩子的成绩是父母最关心的问题。但是，期待过高会给孩子带来负担，而且还会影响父母和子女间的感情。如果想让孩子确定目标，并向目标前进，父母该怎么表达自己的想法？怎么为孩子呐喊助威？

亮太已经快要上中学了，他开始重视学习了。这一天，他把前几天的考试卷子拿给妈妈看，原来成绩不太理想的科目也有了一点进步。但妈妈觉得这还不够，让他再加把劲。但一定要注意，过分鞭策可能会引起反作用。现在我们来看一看下面的对话。

不利于孩子成长的随意性对话×

妈妈：还是数学的问题。

亮太：嗯。可是，这次比前一次提高了10分。

妈妈：**对，但这还不够，还没达到安全线呢。努力是努力了……❶**

亮太：……

妈妈：**道夫考了多少分？❷**

亮太：可能还行吧。

妈妈：**是吗？你要是不努力就输给他了。❸**

亮太：（不高兴地）这跟道夫没什么关系。

妈妈：**……看来，光去补习班还不够，要不要请家教？❹**

亮太：不要，现在挺好的。

妈妈：**你不知道，现在是关键时期。这时候应该多提高点成绩。❺**

亮太：但也不能这样！

妈妈：你听我的吧。

亮太：你别管，我会努力的。

妈妈：总的来说，打起精神，努力学习。

在这里，妈妈没有肯定孩子的努力和数学成绩的提高（❶），还过问其他孩子的成绩。虽然妈妈是为了提高孩子的学习热情才这么比的（❷❸），但孩子只觉得自己被比下去了。而且，对以后的学习，妈妈也要孩子接受自己的观点（❹❺）。妈妈自认为这么做是为孩子好，但孩子却觉得妈妈轻视他的想法。妈妈不应该怀疑孩子，要信任孩子并为他加油。

有利于孩子成长的引导式对话

妈妈：语文和社会成绩都不错，数学成绩也提高了！❶

亮太：嗯，提高了 10 分。

妈妈：是吗？告诉我，你是怎么提高成绩的？❷

亮太：也没有什么特别的，只是每次上课之前都预习了一下。

妈妈：预习了一下？这么说来，你还可以提高成绩，是吗？❸

亮太：我要是再努力点，还能提高吗？

妈妈：你觉得呢？

亮太：好像是可以的。

妈妈：那么，就试一试！怎么样？❹

亮太：那我再努力点。

妈妈：好！我相信你能做到。❺

上述对话中，妈妈没有把自己的孩子跟别的孩子相比，肯定了孩子的进步，并祝福了孩子（❶），还问他是如何提高学习成绩的（❷）。确认孩子已经做好的事情，可以使孩子自信。另外，还需要读懂孩子想努力的心情，并让孩子也认识到这一点（❸）。不要命令“上补习班”，也不要强迫孩子接受妈妈的想法，只有这样做才能引导出孩子的学习欲望，而且该怎么学习还要让孩子自己来判断（❹❺）。**孩子只有自己想学习了才会有主动性和信心。妈妈只要信任孩子，并为孩子加油，他就会觉得有无限的力量。**

引导式对话的要点

有的妈妈为引起孩子的好胜心，喜欢跟别的孩子做比较，但这样做的结果是只会让孩子的学习欲望受到挫折。重新确认孩子已经做好的事情，将使孩子得到更大的进步。

14 孩子说谎该怎么办
“为什么说谎？”

孩子弄坏东西是很平常的，问题是孩子因为害怕挨骂，故意说谎。一般来说，责骂解决不了问题。那么你是怎么解决孩子说谎问题的？有没有想过，孩子在意的是弄坏了东西，还是说谎？

美雪在打扫孩子的房间时从床底下发现了弄坏的玩具汽车，之前美雪看到五岁的儿子理夫在玩这个玩具，所以就问孩子为什么弄坏了玩具，可是孩子却说他不知道。

不利于孩子成长的**随意性对话**

妈妈：（给孩子看弄坏的玩具）理夫，这怎么回事？

理夫：（不安地）不知道。

妈妈：你不知道？❶

理夫：……

妈妈：是你弄坏的吧？为什么说谎？❷

（理夫低着头不说话。）

妈妈：弄坏了玩具还说谎。妈妈最讨厌这样的人！❸

理夫：……

妈妈因为孩子说谎非常生气，不停地责骂（❶❷）。这样做的结果是孩子没得到反省的时间，妈妈表现出拒绝孩子辩白的意思（❸）。妈妈说“讨厌”，孩子会受到很大的打击，会感到伤心。这样一来，只会给孩子留下弄坏玩具而挨骂的记忆，以后发生类似的事情，他还会说谎，形成恶性循环。所以单纯地责骂孩子是解决不了问题的。

有利于孩子成长的**引导式对话**

妈妈：理夫，我们聊一会儿好吗？❶

理夫：（不安地）什么事情？

妈妈：（给孩子看玩具）我在床底下发现了这个。怎么回事？❷

理夫：不知道。

妈妈：（平静地）玩具不可能无缘无故地自己坏掉，是吧？❸ 如果

不小心弄坏也就没办法了，但如果你说谎，周围的人都会不高兴的。❹

理夫：……

妈妈：妈妈希望理夫能说实话。❺

理夫：妈妈，对不起，是我……

这时妈妈应该理解孩子胆怯的心情，引导出对话（❶~❸），这样孩子就可以接受妈妈说的话，正面看待自己弄坏玩具的事情。而且妈妈要冷静地说明，什么是该做的，什么是不该做的（❹），还要用“I说法”向孩子提出正确的做法（❺）。这样做就能够比较明确地表达出责骂的理由，让孩子真诚地反省自己。因为妈妈生气了才肯听话的孩子可能会为逃避责骂而做出不好的行为。

引导式对话的要点

如果孩子说谎了，就要告诉他什么是该做的，什么是不该做的，而且还要说明理由。这样孩子才能明白挨骂的理由，并真诚地反省自己。

15 孩子行动迟缓怎么办？

“怎么天天都这么慢？”

当忙里忙外的父母看到孩子行动迟缓，自己就需要更大的耐心。有时候可能嫌孩子动作太慢，不知不觉就发起火来，或大声嚷嚷。这样做会让孩子感到不安，更加不知所措。如果你是妈妈，遇到这样的情况该怎么做？

惠美五岁了，可是吃饭还是很慢，每次都让妈妈感到不耐烦。我们来看一看下面的对话，想一想这种情况下怎样做才好。

不利于孩子成长的**随意性对话**

妈妈：惠美，快点吃。❶

惠美：还剩一点。

妈妈：怎么天天都这么慢？吃饭时总说话就慢了，是不是？❷

惠美：……

妈妈：还剩多少？多不多？妈妈因为等着你，都没法干活了。现在开始收拾了？❸

惠美：等一会儿，这就吃完了。

在这里妈妈只想到自己忙，单方面地催促孩子快点吃（❶❸），而且像❷那样责难她吃得慢，这样一来孩子就会认为，吃饭就应该一声不吭地快速吃完。其实这时候你真正想告诉孩子的是什么？怎么说比较合适？

有利于孩子成长的**引导式对话**

妈妈：（坐到惠美的对面）惠美，烤牛排好吃吗？❶

惠美：嗯，太好吃了。

妈妈：好吃就好。惠美吃饭时总爱说话吧？这是很愉快的事情。❷

惠美：嗯。

妈妈：可是总说话就需要很长时间才能吃完，所以每次都要吃很长时间。❸你吃得这么慢，妈妈就没法收拾了。❹以后吃得再快一点好吗？吃完了以后也可以慢慢聊天啊。❺

惠美：嗯，知道了。

上述对话中妈妈没有斥责孩子吃得慢，或催促她快点吃，而是非常平和对孩子说出吃饭慢的问题（❶）。还要让孩子看一看情况（❷❸），具体地说明是什么问题（❹）。上述对话中的要点是给孩子说明吃饭慢本身不是坏事，而是吃饭慢的行为给周围人带来的影响。更重要的是没有命令孩子该这么做，只是说出妈妈所希望的内容（❺）。这样引导对话，孩子就可以想到自己和周围人的关系。

引导式对话的要点

如果催促孩子快点行动，她会觉得这是在责难她，所以要给孩子具体地说明，行动迟缓虽然说不上是坏事，但它给周围其他人带来不好的影响，让孩子自己明确地判断情况。

16 孩子想跟朋友一起外出怎么办

“为什么不行？”

孩子长到一定年纪，就开始想着从父母的羽翼中摆脱出来。这也可以说是一种自立的表现，但在父母看来，这是让人不放心的行为。父母觉得孩子还没成熟，可孩子却想着自立，这个时候该怎么办？不让孩子单独行动并不是好办法。

梨花是小学六年级的女孩，她说周末要跟朋友们一起去市里的购物中心玩，可是梨花妈妈怎么也放心不下。孩子们下定了决心就很难说服，那么该怎样应对才是明智的呢？

不利于孩子成长的**随意性对话**✗

梨花：妈妈，这个周末我想跟朋友们一起去 ×× 购物中心，可以吗？

妈妈：**啊？那个购物中心不是在 ×× 市里吗？坐地铁也需要一个小时……不行，不行！❶**

梨花：为什么不行？

妈妈：**不行！孩子们自己在市里乱逛多危险！❷**

梨花：我们小心点就行了。让我去吧，求求你了……

妈妈：不行。现在是什么世道，就孩子们自己……

梨花：我们大家都待在一起不就行了吗？

妈妈：**那也不行。下次跟妈妈一起去吧。❸**

梨花：不要！跟朋友们一起去才有意思呢。跟妈妈去没意思。

妈妈：（生气）那我不管你了，去不去随便你！

这种情况下当场拒绝孩子的请求只能引起她的反抗（❶）。上述对话中妈妈虽然说出了危险的理由（❷），但由于孩子特别想去，无法说服她。因为跟朋友们一起去冒险对她来说更刺激，更有吸引力，所以无法接受妈妈的意见。❸

像这样强迫孩子听话只会让她感到不满，最好是寻找孩子和妈妈都能接受的方法。

有利于孩子成长的**引导式对话**✓

梨花：妈妈，这个周末我想跟朋友们一起去 ×× 购物中心，可以吗？

妈妈：啊？那个购物中心不是在 ×× 市里吗？去那儿干什么？❶

梨花：那里新开了一家卡通人物造型商店，我想去看看。可以吗？

妈妈：你喜欢卡通人物造型？❷

梨花：嗯，可以去吗？我听说，这次有很多我喜欢的卡通人物造型。

妈妈：我能理解你的心情，但太远了。而且最近总发生诱拐事件，妈妈很担心。❸

梨花：不会有事的！

妈妈：怎样才能让妈妈放心？❹

梨花：我们去哪儿都一起走，行吗？

妈妈：那也不能放心。

梨花：那就到了那儿以后给妈妈打电话吧，中间再来一次电话，回来之前也打电话，行吗？

妈妈：那就是说打三次电话。还有，能跟我说定，晚饭之前，六点钟一定到家吗？❺

梨花：好，说定了。

这段对话中，妈妈首先听取了孩子的想法（❶❷），然后说出了妈妈不赞成的理由和心情（❸），因为孩子觉得妈妈理解了自己，也能接受妈妈的意见。而且妈妈通过跟孩子商量的方式，找出两个人都能接受的方案，这是很明智的做法（❹）。最后再次给孩子确认说好的内容，让孩子对约好的事情负责任（❺）。**我们在肯定孩子想法的同时，也要让孩子明白自由里也附带着责任。**

引导式对话的要点

孩子想跳出妈妈的影响范围时，感到不安的妈妈很可能会拒绝孩子，但这样做肯定会让孩子不满。最好的方法是以商量的姿态接受孩子的要求，那么孩子就会觉得自己有义务遵守约定。

不同状况下引导式对话的基本技巧

孩子面前要言行谨慎

孩子们喜欢模仿大人的行为和语气。我的一个朋友告诉我，当她听到两岁的儿子说“我都说过多少遍了”以后吓了一大跳，原来这句话是她和家里的其他人都爱说的口头禅。还有一个朋友跟我说，孩子不听话的时候她就打他屁股，没想到幼儿园老师打电话跟她说，孩子在幼儿园打别的孩子的屁股。

妈妈的口头禅和行为不但影响孩子说话和行动方式，还可能影响孩子的生活方式，所以父母在孩子面前一定要言行谨慎。

让孩子做好心理准备

如果你想责骂孩子，或跟他谈点什么，首先要得到他的允许，让孩子有点心理准备。比如，要跟孩子谈比较严肃的问题，或需要责骂孩子时，不要直入主题，要先说“我要说你了”等，这么做可以减少孩子受到的冲击。

这就像玩扔球游戏时，事先没说要扔球，突然就把球扔过去，而对方无法接到球一样。有时候因为没能及时避开对方扔过来的球，被球狠狠地撞上。你事先来点前奏曲，孩子就觉得自己受到了尊重，即使你严厉地责骂他，他的反抗也不会很强烈。简简单单的一句话就可以改变孩子的态度。

请注意自己“愤怒的信号”

妈妈们经常为孩子的事情生气，但有没有想过，孩子也会因你而生气。我的咨询者小林既要上班又要照顾家里，最近她觉得自己对孩子太过分了，说话时总爱发火，动作还带有些许攻击性，有时候一不小心连不该说的话都说了出来，这让孩子很泄气。

我问她什么时候最烦，她说下班回来，做晚饭时最烦。我又问她，下班回来做饭时是什么样的心情。她说那时很累，这个也要做，那个也要做，所以就无缘无故地焦急起来，更容易责骂孩子。她的焦虑成了愤怒爆发的导火线。

我跟她说，如果感到焦虑，就先来一个深呼吸，客观地看待自己的状态，想着我这是不是焦急了？会不会又对孩子发脾气？然后想，我得放松下来，我到别的房间待一会儿吧。她说，自从按我的方法做了以后，对孩子发脾气的次数减少了很多，孩子也跟以前不一样了，开始和气地跟她说话了。如果你也像上述例子中的小林那样，那就需要好好反思一下了。

跟孩子交换日记

孩子们都希望父母能够多关心自己。如果你的孩子也这样，可以向他提出交换日记。通过交换日记，我们可以把握孩子的心情，这样做孩子也会很满意的。我是从小会写字时就开始跟妈妈进行书信来往，现在回头看看，这是希望妈妈能够知道我在想什么、在意什么的方法。到了小学三四年级以后，觉得这还不够，就向妈妈提议交换日记。交换日记跟写信不一样，写信是我自己单方面地写，可交换日记还可以读到妈妈写给我的内容。

我的日记内容很丰富：有学校里发生的事情，跟朋友打架的事情，还有学习方面的内容。写日记的时候，我还寻思妈妈会给我写上什么样的话。其实妈妈写给我的内容都大同小异，我能够想象得到的。比如，我在日记里写跟朋友吵架的事情，妈妈回应我的时候就写“不要在意朋友说的话，你自己要好好学习”之类的。

当时妈妈的这些回答让我觉得她不够交情，根本没顾及我的感受，专写“要成为好孩子”之类的。但现在回过头来看，这是我想博得妈妈的关心的一种方法，它成了连接我和妈妈的桥梁。

什么是最重要的

现在，很多女性都活跃于社会各个层次，有很多妈妈们因为无法陪伴孩子而感到苦恼。时间是有限的，多陪孩子才是最重要的。

曾经一位杀人犯的妈妈写的随笔在社会上引起了很大的反响。这位妈妈是位相当出色的职场女性，同时家庭生活也照料得非常周到，她还特别在意孩子的吃饭问题，再忙也没有让孩子吃方便食品。可是她的语气里充满了悔恨：“忙着做饭的时候，孩子过来说话，我就用冷漠的态度打断他。现在想来，孩子需要的不是好吃的饭菜，而是妈妈的关心。”她是多么希望孩子能够明白妈妈给他做好吃的饭菜的心情。也许你也需要好好想一想，对你和孩子来说，最重要的是什么。

使用肯定的语气来引导孩子的热情

妈妈使用肯定的语气，孩子比较容易接受。比如，孩子不爱整理玩具时，可以使用“为什么不整理玩具”这样的否定语气和“什么时候整理玩具”这样的肯定语气。妈妈使用否定的语气，孩子们一般都不爱接受，但妈妈使用肯定语气，孩子们马上就会跑过来整理玩具的。虽然这两者都是疑问句，但前者听起来更像是责难，那么孩子会忙于找理由搪塞过去。而后者却把焦点对准了未来，孩子就不会觉得这是妈妈有抱怨或责骂他，而是期待他这么做。

“别人家的孩子都做得好好的，我家孩子怎么就不行呢？”妈妈这样发牢骚，说话的妈妈和听话的孩子都不高兴。“玩过的玩具好好整理吧”、“你能整理玩具，妈妈省心多了”等期待的、肯定的语气可以引导出孩子的热情。

激励你的三个车轮

我们在前面讲的都是“作为父母”的你，那么现在来讲一讲你自身吧。

因为教育孩子终究是以亲身体验、价值观以及思考方式为基础的，每个人都有自己的标准。同样一个孩子，有人认为他“健康并有领导者的气质”，而有人却认为他“任性、不听话”。大人们通过各自的“心灵镜子”把孩子映照成好孩子或坏孩子，乖孩子或叛逆的孩子。所以请你不要轻率地以“你的眼光”为标准来判定孩子。

那么，现在我们来准备一面大镜子，仔细看一看映在上面的你。你能毫不犹豫地说出“我喜欢我自己”吗？我想会有人说“我很喜欢自己”，但会有更多的人回答说“有时候喜欢，有时候讨厌”。当然了，肯定会有人说“我讨厌自己”。

为什么会有这样的差异呢？也许答案不太好找，但我希望你能够仔细想一想。因为只有能够自我肯定的人才能真正爱自己和孩子，并能正面看待一切问题。

激励你的三个车轮

每个人都有过自我满足的经历。比如工作上取得了令人羡慕的成绩，能够帮助别人或把房子打扫得干干净净等。也许每个人都有不同的满足点，但人要满足必须符合以下三点。

★ 我正在做自己想做的事情或为实现自我目标而努力。

★ 没有不安，也没有愁事。

★ 有人鼓励着我。

以上三种因素紧密联系在一起，缺一不可。这种联系可以比喻成一辆三轮车。如果三轮车的其中一个轮子坏了，另外两个轮子需要承载全部重量，那么整个车体将失去平衡，无法行驶。现在我们来分别看一看这里的每一个轮子。

第一个轮子：你做的事情是自己真正想做的吗？

如果生活里有梦想和目标，会让人很愉快，充满热情。有目标的人拥有明确的自我中心，但也有很多人从外界寻找自己行动的标准。这类人想得最多的不是“我想做”，而是别人的看法、常识以及媒体的信息，他们很容易被别人的忠告所左右。

这类人做的不是自己真正想做的事情，他们把自身能量浪费在毫不相干的事情上，如果周围的人们不予肯定的话，自己也无法肯定自己，即使得到了自己盼望的结果也不会觉得幸福。有些人连自己以前真正希望过什么都忘记了。那么，这些人该怎样改变自己？

请不要选择“我该做”，而是选择“我想做” 下面几项中有没有你正面临的？只要有一项，就说明你把人生寄托在自身以外。

★ 怎么努力也得不到满足；

★ 看见成功人士，羡慕之余又对自己感到失望和不安；

★ 总觉得很累，没有挑战欲望。

以前，我也总根据别人的眼光来选择自己该做的事情。比如，在选择自己的发展方向时总是先考虑到父母会不会喜欢、周围人会怎么想等，而且也不能为自己的进步和发展感到高兴。就像狗为了咬住尾巴，不停地打转一样，不管怎么努力都填不满空荡荡的心灵。

这类人总想着“工作要好好做，家里也要照顾好”、“今天一定要处理好这件事情”、“一定要教孩子学到这些知识”……我们可以退一步想，这些是必须做的吗？那么强迫你做这些事情的是谁？其实，你可以暂时搁下这些“必须做的事情”，做一些你想做的，不管那是什么。

只有把幸福的标准放在自己身上，才能按自己的步伐前进。这种努力的过程也是自我认定的过程，这个过程的第一步是坦诚地看待我。

倾听心灵之声 请你准备好纸和笔回答以下问题，这是靠近本我的心灵旅程。因为这不是写给别人看的，所以你可以回答得随意而坦率。

- ★ 你真正想做的是什么？
- ★ 做什么事情时你感到幸福？
- ★ 你想过什么样的生活？
- ★ 你能现在就把想做的事情付诸于行动吗？
- ★ 如果你无法付诸于行动，那是为什么？
- ★ 你现在的心情怎么样？

怎么样？要弄清楚本我是不是需要很大的勇气？你想做的事情可能是不受周围人欢迎的。但没关系，只要你坚持了，总有一天他们会接受你的作为。

对现在的你说OK 如果总是压抑自己，总有一天这些被压抑的感情会变成巨大的能量爆发出来。如果你总强迫自己成为好妈妈，那么有可能你的心里已经填满了“我为孩子牺牲了自己”的不满情绪。

坦率地说，你抱怨“养孩子太累”也不会有人说三道四的，这样做反而更容易驾驭自己的感情，也用不着自责。即使打了孩子，也不能说你没资格当妈妈，因为你作为妈妈确实全力以赴了。养育孩子的问题上没有唯一正确的答案，谁都会犯错，谁都有后悔的事情。请你对这一瞬间的自己说一声 OK。

寻找让你健康生活的能量源泉 也有人会这么说："我一下子想不起来真正想做什么。"那也没关系，用不着着急，而且你想做的事情并不一定是大事。不管是多么琐碎的事情你都可以说 OK。

我的一位朋友的健康秘诀是每年都去看宝冢的歌剧。她说，看到那些艳丽的明星、金碧辉煌的演出服和戏剧性的故事情节，不知不觉中忘掉现实中一切烦恼，给自己填满了新的能量。而且因为感激支持她去看演出的家人，回来以后就能更加珍惜他们。

你不一定要去看歌剧。比如，你可以享受美味的咖啡，或去看你喜欢的电影，还可以去生机勃勃的山林里散步，也可以穿上刚买的新皮鞋，或去美容院舒舒服服地享受一下。

这些以外可能还有很多可选项目。总之，你现在就可以去享受其中的任何一项。如果你无法按原计划行动也没什么，比如，原计划去山林里散步，可是现在去不了了，那么就去附近的公园吧。能够脱离枯燥乏味的日常生活本身就是享受。请你不要忘记，这些小小的享受可以给你带来翻天覆地的变化。

第二个轮子：有没有苦恼或让你不安的事情？

理解能力差的孩子最敏感的不是自己听不懂，而是周围的气氛，所以才说妈妈的表情或态度很重要。妈妈不要天天强迫自己想着"我要把孩子培养成 ××"，首先要确认自己是不是快快乐乐地度过每一天。孩子是映照父母的一面镜子，幸福的妈妈才能培养出幸福的孩子，同时，当孩子茁壮成长的时候父母最开心。那么我们来看一看成为幸福妈妈的秘诀。

请不要浪费心灵的能量 有时候已经设定好目标但仍然提不起信心去做，这时需要认真想一想，有没有让你不安的事情或烦恼的事情。皮球上的小小针眼也可以慢慢地漏掉所有的气，你也可能由于这些小事情提不起精神。

让你烦恼的小事情也许就是没整理好房间，没还回去借来的书，没去看虫牙，得了肥胖症还在吃甜食等，也可能是人际关系问题。其中，人际关系问题最复杂，这是一个人无法解决的。消解人际关系上的矛盾需要较长的时间和勇气。

也有很多人因为与父母关系不好而烦恼。有一位30多岁的女性欠了很多债，但始终没有勇气告诉父母。从青春期开始，她觉得父母不能理解她，从来都没为她着想过，所以欠债以后就认为，一旦父母知道这事绝对不可能原谅她，会把她从家里赶出去的。

但是接受几次引导以后，她认为，如果不向父母说出这个秘密，就无法解决烦恼。她做了最坏的打算以后向父母坦白了自己欠债的事情。但是，很让她意外的是父母不但没有骂她，还很为她着急，说："有这样的事？为什么不早点说？"

她第一次认识到原来是自己误会父母了。从此，她认为："我不是一个无助的人，父母都在支持我。幸亏跟父母说了！"解除了一切烦恼的她，连声音都变得清脆了，心里充满了感激和自信。

后来她变得都快让人认不出来了，她开始重视人际关系，主动地跟原来疏远的人们亲近起来。在进行最后一次引导时，她对我说："以前我很讨厌自己，但现在我觉得自己很可爱。"

通过她的事例，我切实地认识到不浪费心灵的能量是多么重要，因为它可以让人坚强起来。

请重新审视与父母的关系　有些人总忘不掉小时候父母给自己造成的心灵伤害，很多问题并不是时间就能解决的。通过我的咨询者的一些事例，我认识到，在孩子们的成长过程中父母所给予的影响是多么大。原来想"父母无论如何也会支持我"的孩子一旦碰到父母不予认可的情况，就无法自信起来。

有一位女性从小学习成绩特别好，长大后考上了名牌大学，毕业后成为了记者。现在她的孩子都上小学了。有一天，她突然跟我说："我一点信心都没有，始终无法认可自我。”以前我一直认为，她性格开朗，充满活力，一听她这么说我感到很惊讶。

我让她讲一讲小时候的故事。她说，上小学时自己的成绩一直都非常好，可是父母从来都没表扬过她。长大后，“我没得到父母的爱，没得到他们的认可”的想法一直缠绕着她。为了得到周围人的认可，她拼命学习，拼命干活，但始终无法满足自己。

我和她之间有过这样一段对话：

“我好像从来都没被父母爱过。我很想把这样的想法告诉他们，让他们为对我造成的伤害道歉。”

“如果父母向你道歉了，你会怎么样？”

“我会宽恕他们，这样我的心也会得到安宁。”

“要是父母不道歉呢？”

“啊，那是我想都不敢想的事情。”

虽然她对父母很是不满，却仍然爱着他们。后来，我再问她：“你的父母真的一点也没在意你吗？当时你母亲是什么情况？难道你从来都没感受到他们的爱吗？如果有，那是什么时候？”结果她滔滔不绝地跟我说了很多。她的母亲在还很年轻的时候就生了她，承受了很大的压力；当她在学校里受同学们排挤时，她的爸爸拼命保护了女儿；当她过生日时，妈妈给她准备了非常丰盛的生日宴；当她参加高考时，爸爸向公司请假，来到考场……

说着说着，她终于认识到父母并不是没有爱过她，而是用他们自己的方式爱着女儿。想到这些以后，她回到家里跟父母说，以前自己误会过他们，认为他们不爱自己，还为此受到了很大的煎熬。她的妈妈听到这些告白之后也说：“都是妈妈不好，是妈妈没理解你。我还以为自己很努力了，是我对你太严厉了。”听到妈妈说这些话，她的所有苦恼顿时烟消云散。

后来她对我说：“我自己有很多不足之处，却要求父母做到完美。”现在，她已经认识到了这一点，感到非常轻松。世上没有父母不爱自己的孩子，只是每个人的表达方法不同而已。请记住，人无完人，你的父母也一样。

第三个轮子：有没有支持你的人？

如果上述两种方法没有效果的话，你需要一位能够全身心支持你的人。如果有人能够肯定你、接受你并为你呐喊加油，就等于你拥有了能量循环系统。

那么你有没有能够真心信赖、无话不谈的支持者？如果有，你也要重视他的存在。如果没有，那么首先你要来当别人的支持者。

热爱生活，并能够为既定目标前进，并富有责任感，这意味着你才是自己人生的主角。这样的你才是孩子最好的榜样，你教给孩子的是“自立”，而且在这过程中你也会领悟到“孩子的人生是孩子自己的”。这样的你才是孩子最好的引导者和支持者。请不要忘记，当你肯定孩子时，你也会得到肯定。

现在也为时不晚

现在网络上多的是育儿知识，但妈妈们在养育儿女的问题上比以前的人还要不安，小家庭化的趋势下妈妈们无法随时向前辈们请教。就像前面所说的那样，我的父母养育我的时候也犯了很多错误，我也是从父母的一些言行中受到了伤害，也曾对父母心存不满。但我现在还是能够自己开拓属于自己的人生道路，坚强地生活下去。

“绝对不能失败！”你有没有这样地强迫过自己？这样的强迫感让妈妈觉得教育孩子非常难。教育孩子要与孩子同步，妈妈一个人着急是没有用的。

我想对正在经历着各种错误过程的妈妈们说：“再累、再苦也不要责怪自己。你要肯定自己，因为你已经很努力了。”

教育孩子没有唯一正确的答案。如果这个方式对孩子行不通，你可以试一试别的方式。我希望这本书也能成为那些诸多方式中的一个。最后，我想给读者介绍日本作家下村湖人的作品《次郎物语》。这是一本让人重新审视什么是“人的成长”的书，它给人们提供家庭教育中无穷无尽的可能性。我想妈妈们可以从这本书中得到一些启示。

这本书里，主人公次郎小时候跟父母分离，在养父母家长大。后来次郎回到了亲生父母身边，可是因为环境的改变和不喜欢他的奶奶，次郎始终都无法适应新家。而次郎的妈妈却认为，儿子不听话，只会淘气，想用各种办法来教育孩子：她打过孩子，也好言相劝过，但次郎觉得这是妈妈在干涉他，妈妈越骂，他越不听话，无法抑制住心灵孤独的他逐渐变成了问题少年。就这样，妈妈和儿子在互相无法接受对方的情况下度过了无数岁月。

但自从妈妈得病以来，两个人的关系出现了转折。次郎用尽心思精心照顾患病的妈妈。妈妈看到儿子如此尽心尽力，感到了从未有过的温暖，真心向他表示感谢。而次郎也因为自己能够为妈妈付出而感到激动。

次郎妈妈终于认识到以前为什么没能跟儿子好好相处：“并不是只要教正确的，就能够教育好孩子”，“孩子也有个性，应该肯定和信任他。”次郎知道了妈妈的这种想法以后，也变成了非常和气可以信赖的孩子。

“孩子需要的只是你喜欢他。”这是次郎妈妈临走前留下的最后一句话。这短短的一句话里包含了家庭教育中最重要的观点。

在妈妈去世之前的短暂时间里，两个人终于能够互叙母子之情了。时间虽然很短，但次郎所感受到的母爱成为了支撑他一生的心理支柱。

这是面向全世界所有妈妈们呐喊的书。读到这本书的妈妈们，现在也为时不晚，不要再自责了，请你充满自信地对待孩子吧。

外婆妈妈李元宁教授献给年轻父母的育儿圣经

〔韩〕李元宁 著
冼贤京 绘
蔡福淑 译

重庆出版社
定　　价：26.80 元

回首往事，我们感到最成功和最得意的事情就是：我们为这个世界留下了健康优秀的儿女，而不是自己的名字。

作者为父母普遍关心与担忧的问题提供了科学而有效的解决办法。如：

- 怎样哄孩子停止哭闹
- 如何断奶更有利于宝宝
- 怎样对待不爱吃饭的孩子
- 如何让孩子学会自理大小便
- 为什么要多抚摸孩子
- 怎样惩罚孩子最有效
- 幼儿时期的英语教育是必需的吗
- 如何培养孩子阅读的兴趣
- 孩子沉迷于电视怎么办
- 如何科学地进行性启蒙教育

……

李元宁教授以深入浅出的理论、真实而丰富的案例、活泼而生动的插图，为缺乏自信和经验的年轻父母们提供了全方位的育儿指导。

拯救孤立无援、六神无主、惊慌失措、疲惫不堪的年轻父母！

《好孩子的成长 99% 靠妈妈》的姊妹篇
韩国“家教第一书”

〔韩〕张炳惠 著
宁莉 译

重庆出版社
定　　价：22.00 元

当我们的妈妈们仍在为孩子的成绩斤斤计较，为没有获得第一名而责备孩子时，韩国“第一妈妈”张炳惠博士却说，在孩子的成长过程中，成绩或名次并不代表一切。张炳惠博士说，能够带领孩子迈向成功彼岸的，是九种从日常生活中培养出来的基本能力。一旦拥有这九大基本能力，孩子的学业成绩没问题，人际关系没问题，情绪管理没问题，自我管理没问题……在十年二十年之后，到了社会上，更能成为孩子迈向成功的绝佳武器。

让孩子茁壮成长的力量 = 孩子应具备的九种基本能力 + 父母们的七种智慧 + 三十个 SOS 的教育处方

只要妈妈 1% 的改变，
孩子的成绩将会突飞猛进！

短信查询正版图书及中奖办法

A．**手机短信查询方法（移动收费 0.2 元 / 次，联通收费 0.3 元 / 次）**

1．手机界面，编辑短信息；
2．揭开防伪标签，露出标签下 20 位密码，输入标识物上的 20 位密码，确认发送；
3．输入防伪短信息接入号（或：发送至）958879(8)08，得到版权信息。

B．**互联网查询方法**

1．揭开防伪标签，露出标签下 20 位密码；
2．登录 www.Nb315.com；
3．进入“查询服务”“防伪标查询”；
4．输入 20 位密码，得到版权信息。

中奖者请将 20 位密码以及中奖人姓名、身份证号码、电话、收件人地址、邮编，E-mail 至：my007@126.com，或传真至 0755-25970309

一等奖：168.00 人民币现金；
二等奖：图书一册；
三等奖：本公司图书 6 折优惠邮购资格。
再次谢谢您惠顾本公司产品。本活动解释权归本公司所有。

读者服务信箱

感谢的话

谢谢您购买本书！顺便提醒您如何使用 ihappy 书系：

◆ 全书先看一遍，对全书的内容留下概念 。
◆ 再看第二遍，用寻宝的方式，选择您关心的章节仔细地阅读，将“法宝”谨记于心。
◆ 将书中的方法与您现有的工作、生活作比较，再融合您的经验，理出您最适用的方法。
◆ 新方法的导入使用要有决心，事前做好计划及准备。
◆ 经常查阅本书，并与您的生活工作相结合，自然有机会成为一个“成功者”。

<table>
<tr><td rowspan="8">优惠订购</td><td colspan="2">订阅人</td><td></td><td>部门</td><td></td><td>单位名称</td><td></td></tr>
<tr><td colspan="2">地址</td><td colspan="5"></td></tr>
<tr><td colspan="2">电话</td><td colspan="3"></td><td>传真</td><td></td></tr>
<tr><td colspan="2">电子邮箱</td><td></td><td>公司网址</td><td></td><td>邮编</td><td></td></tr>
<tr><td>订购书目</td><td colspan="6"></td></tr>
<tr><td rowspan="2">付款方式</td><td>邮局汇款</td><td colspan="5">中资海派商务管理（深圳）有限公司
中国深圳银湖路中国脑库A栋四楼　　邮编：518029</td></tr>
<tr><td>银行电汇或转账</td><td colspan="5">户　名：中资海派商务管理（深圳）有限公司
开户行：招行深圳市银湖支行
账　号：5781 4257 1000 1
交行太平洋卡户名：桂林　　卡号：6014 2836 3110 4770 8</td></tr>
<tr><td>附注</td><td colspan="6">1. 请将订阅单连同汇款单影印件传真或邮寄，以凭办理。
2. 订阅单请用正楷填写清楚，以便以最快方式送达。
3. 咨询热线：0755-25970306转158、168　　传　真：0755-25970309
E-mail: my007@126.com</td></tr>
</table>

→利用本订购单订购一律享受 9 折特价优惠。

→团购 30 本以上 8．5 折优惠。